Peter Mayall

Le développement de nouvelles générations de puces pour les applications d'IA sur les smartphones

Peter Mayall

Le développement de nouvelles générations de puces pour les applications d'IA sur les smartphones

ISBN : 978-3-68904-342-1 (livre de poche)
ISBN : 978-3-68904-349-0 (livre électronique)

Première édition
Avril 2024
Version 1.0
Imprimé dans l'Union européenne
bup@bremenuniversitypress.com
www.bremenuniversitypress.com

Peter Mayall

Le développement de nouvelles générations de puces pour les applications d'IA sur les smartphones

Aperçu

Table des matières

3

Introduction

Le développement de nouvelles générations de puces spécialement conçues pour les applications d'IA sur les smartphones continue de s'accélérer. Ces nouvelles puces sont conçues pour optimiser les performances et l'efficacité des fonctions d'IA sur les appareils mobiles. Leur conception tient compte non seulement de la nécessité d'effectuer des calculs complexes plus rapidement, mais aussi de minimiser la consommation d'énergie afin de prolonger l'autonomie de la batterie. Ces puces spécialisées permettent de réaliser toute une série de fonctions avancées telles que le traitement amélioré des images, le traitement du langage naturel et la traduction en temps réel, en traitant efficacement l'apprentissage automatique et les réseaux neuronaux profonds directement sur l'appareil.

Au cœur de cette innovation se trouvent aussi bien le développement de l'architecture des puces que l'utilisation de nouveaux matériaux et de nouvelles méthodes de fabrication. Ces développements visent à créer des puces qui ne sont pas seulement plus rapides et plus puissantes, mais qui peuvent également être produites dans des formats de plus en plus petits afin de s'adapter au design épuré des smartphones modernes. Ils contribuent en outre à améliorer la protection des données, car davantage de données peuvent être traitées directement sur l'appareil, sans qu'il soit nécessaire de les transférer vers le cloud.

Ces nouvelles puces pour les applications d'IA sur les smartphones symbolisent une avancée significative dans la technologie mobile, en permettant d'intégrer de manière transparente et efficace des fonctions d'IA avancées dans la vie quotidienne.

L'auteur travaille dans la recherche et le développement chez un grand fabricant de puces électroniques.

L'évolution des technologies de l'IA

L'évolution de l'intelligence artificielle (IA) est un développement qui s'étend sur plusieurs décennies et qui a désormais un impact sur presque tous les aspects de la société humaine. Cette évolution a non seulement modifié la manière dont nous travaillons, communiquons et apprenons, mais elle soulève également des questions fondamentales sur l'éthique, la vie privée et l'avenir du travail humain.

Les débuts de l'IA remontent aux années 1950, lorsque le terme "intelligence artificielle" a été inventé pour la première fois lors de la conférence de Dartmouth en 1956. C'est à cette époque qu'ont été développés des concepts et des algorithmes fondamentaux qui sont encore pertinents aujourd'hui. Cette première phase était marquée par un grand optimisme, mais les chercheurs se sont rapidement heurtés aux limites de la puissance des ordinateurs et des algorithmes disponibles à l'époque.

Au cours des décennies suivantes, la recherche en IA a connu des hauts et des bas, souvent appelés "hiver de l'IA", des périodes pendant lesquelles le financement et l'intérêt pour l'IA ont diminué en raison d'attentes non satisfaites. Malgré ces défis, les chercheurs ont réalisé des progrès importants dans des domaines spécifiques tels que la traduction automatique, la reconnaissance vocale et les systèmes experts, qui codifient les connaissances des experts dans un domaine particulier.

Un tournant décisif pour l'IA a été le développement d'ordinateurs plus puissants et l'émergence d'Internet, qui ont permis de collecter et d'analyser d'énormes quantités de données. Cela a conduit à l'essor de l'apprentissage automatique, en particulier du deep learning, une technique basée sur les réseaux neuronaux profonds. Les réseaux neuronaux sont un concept clé de l'apprentissage automatique et de l'intelligence artificielle, inspiré du fonctionnement du cerveau humain. Ils se composent d'un grand nombre d'unités simples reliées entre elles, appelées neurones artificiels, qui traitent les données en reconnaissant certains modèles et caractéristiques dans celles-ci. Les connexions entre ces neurones ont des pondérations qui s'adaptent au cours du processus d'apprentissage afin d'exécuter plus efficacement des tâches spécifiques telles que la reconnaissance d'images et de la parole, les prédictions et la prise de décision.

Ces méthodes ont permis d'identifier des modèles complexes dans les données et d'apprendre à réaliser des tâches telles que la reconnaissance d'images et de la parole avec une précision qui n'était pas possible auparavant.

Ces progrès ont accéléré l'intégration de l'IA dans la vie quotidienne, des assistants personnels comme Siri et Alexa aux systèmes de recommandation qui contrôlent le contenu que nous voyons sur des plateformes comme Netflix et YouTube, en passant par des applications plus avancées comme les véhicules autonomes et la médecine personnalisée. La capacité de l'IA à analyser rapidement de grandes quantités de données a également permis des percées dans des domaines tels que la finance, la fabrication et la recherche scientifique.

L'impact de l'IA sur la société est toutefois à double tranchant. Alors qu'elle a le potentiel d'augmenter la productivité, de créer de nouveaux produits et services et de fournir des solutions à des problèmes complexes, il existe également des préoccupations importantes concernant l'impact sur le monde du travail, la vie privée et les aspects éthiques de l'automatisation et de la surveillance. L'automatisation croissante peut entraîner des changements importants dans le monde du travail, avec la possibilité que de nombreux métiers traditionnels disparaissent ou se transforment radicalement.

De même, l'utilisation de l'IA dans les systèmes de surveillance et dans la prise de décision soulève des questions de vie privée, de distorsion et de transparence. La capacité des algorithmes à prendre des décisions qui peuvent avoir un impact majeur sur la vie des gens, sans que les processus sous-jacents puissent être facilement compris ou remis en question, a suscité un débat sur la nécessité de directives éthiques et d'une réglementation plus stricte.

On peut dire que l'évolution des technologies de l'IA a influencé la société de manière transformatrice, en ouvrant de nouvelles possibilités, mais en soulevant également de nouveaux défis et de nouvelles questions quant à leur application et à leur impact. L'avenir de l'IA ne dépendra pas seulement des progrès technologiques, mais aussi de la manière dont les sociétés relèveront ces défis.

Le développement et l'intégration de l'intelligence artificielle dans différents aspects de notre vie et de notre travail recèlent un énorme potentiel de transformation. Les systèmes d'IA sont souvent capables d'exécuter des tâches plus rapidement et plus précisément que les humains, en particulier pour les tâches répétitives ou à forte intensité de données, ce qui permet d'améliorer l'efficacité et la productivité. L'un des principaux avantages de l'IA réside dans sa capacité à analyser de grandes quantités de données, à identifier des modèles et à prendre des décisions éclairées, ce qui peut s'appliquer à des domaines tels que l'analyse financière, les diagnostics médicaux et la recherche sur le climat.

L'IA permet également une personnalisation sans précédent dans les produits et les services, de l'éducation à la médecine en passant par la vente au détail, et s'adapte aux besoins et aux préférences spécifiques des utilisateurs. En outre, l'IA stimule le développement de nouvelles technologies et solutions dans différents secteurs et améliore la qualité de vie grâce à l'automatisation et aux systèmes d'assistance intelligents qui facilitent la vie quotidienne et fournissent une aide aux personnes handicapées.

L'IA joue également un rôle crucial dans la résolution de défis mondiaux complexes tels que le changement climatique et la recherche médicale, en développant des stratégies efficaces pour résoudre ces problèmes. En outre, l'IA peut élargir l'accès à l'éducation et à la connaissance en créant des environnements d'apprentissage personnalisés et en surmontant les barrières linguistiques.

Malgré ces perspectives positives, l'introduction de l'IA nécessite un examen attentif des défis et des considérations éthiques qui y sont liés. Les questions relatives à la vie privée, à la sécurité de l'emploi et à l'utilisation équitable de l'IA sont essentielles pour garantir que les avantages de la technologie de l'IA soient exploités dans l'intérêt de tous et ne conduisent pas à de nouvelles formes d'inégalité ou à des dilemmes éthiques.

IA : logiciel ou matériel ?

Le développement et les progrès de l'IA sont le fruit d'une interaction entre le logiciel et le matériel, chaque composant jouant un rôle crucial. Pour comprendre comment l'IA est développée, il est important de considérer les fonctions et les contributions des deux aspects :

Logiciel

Le rôle du logiciel dans le développement de l'intelligence artificielle est aussi central que complexe.

Le logiciel fournit les outils et les méthodes qui permettent de concevoir, d'entraîner, de tester et d'appliquer les systèmes d'IA. Le développement continu des technologies logicielles dans le domaine de l'IA a permis des avancées remarquables dans différents domaines, du traitement automatique du langage à la prise de décision en passant par la vision artificielle.

Systèmes traditionnels et approches basées sur des règles

Aux débuts de l'intelligence artificielle, l'intérêt s'est porté sur le développement de systèmes basés sur des règles, également connus sous le nom de systèmes experts.

Ces systèmes visaient à simuler des processus décisionnels humains dans des domaines spécifiques, en se basant sur un vaste ensemble de règles soigneusement définies par des experts du domaine. Ces règles constituaient la base permettant aux systèmes d'analyser les problèmes, de tirer des conclusions et de prendre des décisions, de manière similaire à ce que ferait un être humain dans le domaine concerné.

Le principal avantage des systèmes experts résidait dans leur capacité à conserver et à rendre accessibles les connaissances et l'expérience d'experts dans un domaine particulier. Ils ont été utilisés dans une grande variété de domaines, de la médecine, où ils aident à établir des diagnostics, à l'analyse financière, où ils aident à évaluer les possibilités d'investissement. Les systèmes experts ont pu apporter une contribution précieuse dans ces cas d'application et dans d'autres, en mettant à l'échelle les connaissances des experts et en les rendant utilisables dans des situations où les experts humains n'étaient peut-être pas disponibles.

Malgré leur succès, les systèmes basés sur des règles ont rapidement atteint leurs limites. Leur efficacité dépendait fortement de la qualité, de l'exhaustivité et de l'actualité des règles sur lesquelles ils reposaient. Étant donné que ces règles étaient définies par des personnes, elles devaient être continuellement révisées et mises à jour afin de suivre les nouvelles connaissances et les changements dans leur domaine d'application. Cette nécessité rendait les systèmes experts coûteux en main-d'œuvre et en maintenance.

Un autre problème des systèmes basés sur des règles était leur manque de flexibilité et d'adaptabilité. Ils excellaient à résoudre des problèmes clairement définis dans leur cadre de règles, mais avaient du mal à gérer des situations qui sortaient de ce cadre. Cette limitation limitait leur applicabilité dans des environnements complexes ou imprévisibles, dans lesquels les experts humains font souvent appel à l'intuition et à l'expérience pour prendre des décisions.

Avec l'avènement de l'apprentissage automatique et de l'apprentissage profond, les limites de l'IA se sont considérablement élargies. Ces approches plus récentes permettent aux systèmes d'apprendre et de généraliser à partir de données plutôt que de se baser sur des règles prédéfinies. Les systèmes d'IA peuvent ainsi réagir de manière plus flexible à un plus large éventail de problèmes et s'adapter plus facilement aux changements et aux nouvelles informations. Néanmoins, les systèmes basés sur des règles restent précieux dans certains contextes, notamment là où il existe des règles claires et bien définies et où la transparence et la traçabilité de la prise de décision sont essentielles.

Apprentissage automatique et réseaux neuronaux

Le développement et la généralisation de l'apprentissage automatique ont fondamentalement modifié et élargi le paysage de l'intelligence artificielle.

Alors que les systèmes basés sur des règles reposent sur un ensemble de règles fixes définies par l'homme, les modèles d'apprentissage automatique sont basés sur la capacité d'apprendre de manière autonome à partir de données. Ces modèles identifient des modèles et des relations au sein de grands ensembles de données et améliorent leurs performances au fil du temps grâce à l'expérience, sans qu'il soit nécessaire de programmer des instructions ou des règles explicites.

- Adaptabilité et flexibilité : l'un des principaux avantages de l'apprentissage automatique est son adaptabilité. Les modèles d'apprentissage automatique peuvent exécuter des tâches et résoudre des problèmes pour lesquels ils n'ont pas été explicitement programmés. Cette capacité permet aux systèmes d'IA de s'adapter de manière dynamique à de nouvelles données et à des environnements changeants, ce qui les rend particulièrement précieux pour les applications où le changement et l'imprévisibilité sont la norme.

- Analyse des données et reconnaissance des formes : l'apprentissage automatique est particulièrement puissant dans l'analyse des données et la reconnaissance de formes complexes qui ne sont pas visibles à l'œil nu. Cela est utilisé dans une grande variété de domaines, du diagnostic médical, où l'apprentissage automatique peut aider à détecter des maladies à partir de signes subtils dans les données d'imagerie, au monde de la finance, où il peut identifier des modèles dans les données de marché qui indiquent des tendances futures.

- Personnalisation : un autre domaine dans lequel l'apprentissage automatique a une influence considérable est la personnalisation. Qu'il s'agisse de l'adaptation du contenu publicitaire, de la curation des flux d'informations dans les médias sociaux ou de la recommandation de produits dans le commerce en ligne, l'apprentissage automatique permet une personnalisation de haut niveau en apprenant et en prédisant les préférences et les comportements individuels à partir des données.

- Automatisation : l'apprentissage automatique fait également progresser l'automatisation en prenant en charge les tâches de routine et en soutenant les processus décisionnels dans des domaines tels que le service à la clientèle, la gestion de la chaîne d'approvisionnement et même la conduite automatisée de véhicules. Cette automatisation peut entraîner des gains d'efficacité considérables et permettre aux personnes de se concentrer sur des tâches plus complexes et plus créatives.

La qualité des prédictions ou des décisions prises par les modèles d'apprentissage automatique dépend fortement de la qualité et de la diversité des données d'entraînement utilisées. Des biais dans les données peuvent conduire à des résultats biaisés ou injustes, ce qui souligne la nécessité de placer les considérations éthiques au cœur du développement des systèmes d'IA.

La révolution déclenchée par l'apprentissage automatique dans le paysage de l'IA est. Alors que nous continuons à explorer et à réaliser le potentiel de cette technologie, il est essentiel de naviguer soigneusement dans les défis et les questions éthiques qu'elle soulève afin de s'assurer que les avantages de l'IA sont exploités pour le bien de tous.

Apprentissage profond

Le deep learning, une forme spécialisée et avancée d'apprentissage automatique, a révolutionné la manière dont les machines comprennent et interprètent les données. En utilisant des réseaux neuronaux profonds composés de nombreuses couches de traitement, le deep learning peut identifier des modèles complexes dans de grands ensembles de données. Cette capacité à apprendre et à généraliser à partir de données a permis des percées dans de nombreux domaines et a rendu possibles des applications considérées comme futuristes il y a encore quelques années.

- Reconnaissance d'images : l'un des exemples les plus frappants de la puissance du deep learning est la reconnaissance d'images. Les systèmes d'IA modernes peuvent analyser les images avec une précision souvent comparable à la perception humaine. Cela est utilisé dans une grande variété d'applications, du marquage automatique dans les médias sociaux à l'aide au diagnostic dans l'imagerie médicale, en passant par la reconnaissance d'objets dans les véhicules autonomes.

15

- Reconnaissance et traitement de la parole : l'apprentissage en profondeur a également permis des progrès considérables dans la reconnaissance et le traitement de la parole. Les assistants vocaux tels que Siri, Google Assistant et Alexa sont basés sur des modèles d'apprentissage en profondeur qui leur permettent de comprendre les demandes orales et de répondre en langage naturel. Cette technologie soutient également le développement de systèmes de traduction en temps réel et d'aides à la communication améliorées pour les personnes souffrant de troubles du langage.
- Traitement du langage naturel (NLP) : au-delà de la simple reconnaissance vocale, l'apprentissage profond a amélioré de manière spectaculaire la capacité des ordinateurs à saisir le sens du texte et à y répondre. Des chatbots capables de tenir des conversations réalistes aux systèmes capables d'analyser des documents complexes et d'en produire des résumés, le NLP a transformé l'interaction entre l'homme et la machine.
- Apprentissage renforcé et prise de décision : Le Deep Learning fait également avancer les développements dans le domaine de l'apprentissage renforcé, dans lequel les systèmes d'IA apprennent de leur environnement grâce à des récompenses et optimisent leurs stratégies pour atteindre leurs objectifs. Cela a donné lieu à des démonstrations impressionnantes, notamment

dans des jeux comme le go et les échecs, où des systèmes d'IA ont battu des champions humains, mais aussi à des applications pratiques dans la robotique et le contrôle automatisé des systèmes.

Malgré ces progrès impressionnants, le deep learning présente également des défis. Cette technologie nécessite de grandes quantités de données d'entraînement et une puissance de calcul considérable, ce qui soulève des questions de durabilité et d'accès. De plus, si les modèles d'apprentissage profond sont entraînés avec des données biaisées, ils peuvent reproduire ces biais dans leurs prédictions et leurs décisions, ce qui souligne la nécessité de vérifier et d'adapter soigneusement les données d'entraînement.

Outils logiciels et bibliothèques

Le développement et les progrès rapides de l'intelligence artificielle sont étroitement liés à l'émergence et au développement d'outils logiciels et de bibliothèques spécialisés. Ces outils constituent l'épine dorsale de la recherche et de l'application modernes de l'IA, en fournissant des algorithmes et des structures de données complexes nécessaires à l'apprentissage automatique et à l'apprentissage profond. Parmi les plus en vue figurent TensorFlow, PyTorch et Keras, qui ont chacun leurs propres forces et communautés.

- TensorFlow, développé par Google, est l'une des bibliothèques d'apprentissage automatique les plus répandues. Elle offre une plateforme complète et flexible pour la conception, l'entraînement et le déploiement de modèles d'IA et est utilisée aussi bien dans la recherche que dans l'industrie pour une multitude d'applications. TensorFlow se distingue par son évolutivité, qui permet d'entraîner efficacement des modèles allant de simples CPU à de grands clusters de GPU et de TPU.

- PyTorch, développé à l'origine par Facebook, a gagné de nombreux adeptes en raison de sa facilité d'utilisation et de sa flexibilité, notamment pour le développement de modèles d'apprentissage profond. PyTorch offre un système de graphe de calcul dynamique qui permet aux développeurs d'apporter des modifications à l'architecture et aux algorithmes en temps réel, ce qui facilite l'expérimentation et le prototypage.

- Keras est une autre API de réseaux neuronaux de haut niveau très populaire, initialement lancée en tant que projet indépendant et désormais étroitement intégrée à TensorFlow. Keras se caractérise par sa simplicité et sa facilité d'utilisation, ce qui le rend particulièrement attrayant pour les débutants dans le domaine de l'apprentissage automatique. Il permet un prototypage rapide et facile et supporte aussi bien les réseaux convolutifs que les réseaux récurrents.

Ces outils et bibliothèques sont en constante évolution, dans le but d'améliorer l'efficacité, de faciliter l'accès et de permettre la création de systèmes d'IA plus complexes et plus puissants. Les communautés derrière ces projets jouent un rôle crucial en apportant continuellement des contributions, de la correction de bugs au développement de nouvelles fonctionnalités et améliorations. Cette approche collective permet aux outils de suivre l'évolution rapide des besoins en matière de recherche et d'application de l'IA.

En outre, la disponibilité de vastes ensembles de données et l'amélioration des capacités matérielles, notamment la disponibilité de puissants GPU, ont encore accéléré le développement et l'entraînement de modèles d'IA sophistiqués. La combinaison d'outils logiciels avancés, de données volumineuses et de matériel performant constitue le fondement des succès actuels et futurs dans le domaine de l'IA. L'accessibilité à ces ressources démocratise de plus en plus la recherche et le développement en matière d'IA, ouvrant la porte à des innovations à grande échelle et ayant le potentiel de transformer presque tous les aspects de la société.

La dynamique du développement de logiciels pour l'IA reflète les progrès fulgurants et les vastes possibilités d'application de l'intelligence artificielle. À chaque avancée de la technologie logicielle, les limites de ce qui est possible avec l'IA sont repoussées, ouvrant de nouvelles voies pour résoudre des problèmes complexes et développer des solutions innovantes dans différents domaines.

Matériel informatique

Le matériel joue un rôle aussi crucial que le logiciel dans l'évolution et l'application de l'intelligence artificielle.

Les besoins spécifiques des modèles d'IA en termes de puissance de calcul et de mémoire ont conduit au développement de matériel spécialisé, conçu pour maximiser l'efficacité et l'efficience des applications d'IA.

Les GPU et leur rôle dans l'IA

Les processeurs graphiques (GPU) ont été l'une des premières innovations matérielles à accélérer la recherche et le développement de l'IA.

Conçus à l'origine pour le traitement d'applications graphiques, les GPU se sont avérés être également capables d'effectuer des calculs parallèles très efficaces, ce qui les rend idéaux pour l'entraînement de modèles d'IA. Grâce à leur capacité à traiter des milliers de threads simultanément, les GPU peuvent effectuer des calculs mathématiques complexes, nécessaires à l'entraînement des réseaux neuronaux, beaucoup plus rapidement que les CPU traditionnels.

Les TPU et leur spécialisation dans l'IA

Les unités de traitement du tenseur (Tensor Processing Units, TPU) constituent une autre innovation majeure dans le domaine du matériel d'IA. Spécialement développées par Google pour les tâches d'apprentissage profond, les TPU sont optimisées pour traiter efficacement les calculs spécifiques utilisés dans les réseaux neuronaux. Les TPU offrent une efficacité encore plus grande lors de l'apprentissage et de l'inférence de modèles d'IA, en particulier pour les applications qui nécessitent une grande puissance de calcul, comme la reconnaissance vocale et la reconnaissance d'images.

Les FPGA et leur flexibilité

Les Field-Programmable Gate Arrays (FPGA) offrent une solution matérielle flexible qui peut être programmée pour des applications spécifiques, y compris l'IA. Leur reconfigurabilité rend les FPGA particulièrement précieux pour les applications d'IA sur mesure et dans les situations où le matériel doit être adapté à de nouveaux algorithmes ou modèles. Bien qu'ils n'offrent pas toujours les mêmes performances brutes que les GPU ou les TPU, leur adaptabilité permet de les utiliser dans des applications d'IA variées et évoluant rapidement.

Importance du développement du matériel

Le développement de matériel spécifique à l'IA est essentiel pour repousser les limites de ce qui est possible avec l'IA. Chaque génération de matériel améliore la vitesse, l'efficacité énergétique et la capacité à former et à exécuter des modèles d'IA complexes. Ces progrès permettent aux chercheurs et aux développeurs de créer des applications d'IA plus innovantes et plus puissantes, ce qui n'était pas possible auparavant en raison des limitations du matériel.

À l'avenir, le développement de matériel continuera à jouer un rôle clé en jetant les bases de la prochaine génération de systèmes d'IA. La recherche se concentre non seulement sur l'augmentation de la puissance de calcul, mais aussi sur la réduction de la consommation d'énergie et la minimisation de la latence afin d'accroître l'efficacité et l'accessibilité des technologies d'IA pour un plus large éventail d'applications et d'utilisateurs.

Interaction entre logiciel et matériel

La symbiose entre le logiciel et le matériel est le fondement sur lequel repose le progrès de l'intelligence artificielle. Cette interaction dynamique ne détermine pas seulement les limites de ce qui est actuellement possible, elle est également à l'origine d'innovations et de percées dans la recherche et l'application de l'IA.

L'innovation matérielle poussée par le logiciel

Les développements dans les logiciels d'IA, tels que les algorithmes avancés et les modèles d'apprentissage automatique, posent continuellement de nouvelles exigences en matière de puissance de calcul et d'efficacité. Par exemple, les modèles d'apprentissage profond, en particulier ceux qui sont entraînés sur de très grands ensembles de données, nécessitent d'énormes quantités de puissance de calcul et de mémoire. Les limites du matériel existant constituent donc un défi direct pour la réalisation et la mise à l'échelle de tels modèles. Cela stimule à son tour le développement de nouvelles solutions matérielles spécialement conçues pour répondre aux exigences des logiciels d'IA, comme les GPU, les TPU et les FPGA, qui permettent des calculs plus efficaces et rendent ainsi viable la réalisation de projets d'IA plus complexes.

Les innovations matérielles inspirent le développement de logiciels

D'autre part, les progrès réalisés dans le domaine du matériel informatique ouvrent de nouvelles possibilités pour le développement de logiciels. En augmentant la puissance de calcul et l'efficacité disponibles, les développeurs de logiciels peuvent concevoir des modèles et des algorithmes plus complexes qui n'étaient pas réalisables auparavant. Cela entraîne des sauts qualitatifs dans la performance des applications d'IA, par exemple dans la précision des systèmes de reconnaissance vocale et d'images. La disponibilité de matériel plus puissant et spécialisé encourage également les chercheurs à adopter des approches innovantes dans la recherche sur l'IA, qui vont au-delà des méthodes traditionnelles.

La nécessité de la concertation

La coordination optimale entre le logiciel et le matériel est essentielle pour maximiser l'efficacité et les performances des systèmes d'intelligence artificielle.

Les développeurs doivent tenir compte non seulement des capacités et des limites spécifiques du matériel disponible, mais aussi de la manière dont leurs conceptions logicielles les utilisent. Inversement, les ingénieurs en matériel doivent comprendre les exigences des modèles d'IA actuels et futurs en matière d'architecture de calcul afin de concevoir des appareils qui répondent efficacement à ces besoins.

Un développement orienté vers l'avenir

L'évolution continue tant des logiciels que du matériel d'IA nécessite une planification et une collaboration prospectives entre les secteurs. Les efforts de recherche et de développement doivent non seulement tenir compte des exigences actuelles, mais aussi anticiper la manière dont les technologies d'IA pourraient évoluer. Cela implique de travailler sur de nouvelles architectures offrant une puissance de calcul et une efficacité encore plus grandes, et de développer des cadres logiciels capables de tirer pleinement parti de ces avancées.

Dans l'ensemble, l'interaction entre les logiciels et le matériel d'IA est un moteur central des progrès de l'IA. La capacité à intégrer harmonieusement ces deux composants et à les faire évoluer en permanence continuera d'être essentielle pour repousser les limites du possible en matière d'IA et trouver des solutions innovantes aux défis complexes.

Dans la pratique, cela signifie que les progrès de l'IA ne sont pas réalisés isolément par le logiciel ou le matériel seul. Il s'agit plutôt d'un développement synergique, dans lequel les améliorations de la technologie logicielle définissent les exigences du matériel et les innovations dans le matériel ouvrent de nouvelles possibilités pour la recherche et l'application logicielles.

Le rôle des puces modernes dans le développement de l'IA

Les puces modernes jouent un rôle central dans le développement et l'utilisation de l'intelligence artificielle. Ces processeurs spécialisés, notamment les processeurs graphiques (GPU), les unités de traitement du tenseur (TPU) et les matrices de portes programmables sur le terrain (FPGA), sont essentiels aux progrès de l'IA en fournissant la puissance de calcul et l'efficacité nécessaires à l'apprentissage et à l'exécution d'algorithmes et de modèles complexes. Le rôle de ces puces modernes peut être concrétisé dans plusieurs domaines clés :

Accélérer l'entraînement des modèles d'IA

L'entraînement de modèles d'IA, en particulier de modèles d'apprentissage profond, pose effectivement d'immenses exigences en matière de puissance de calcul, puisqu'il s'agit d'optimiser des millions, voire des milliards de paramètres. Ce défi a conduit au développement et à l'utilisation de matériel spécialisé capable d'effectuer efficacement les calculs parallèles massifs requis. Les GPU (Graphics Processing Units) et les TPU (Tensor Processing Units) sont des exemples de ces puces spécialisées qui jouent un rôle crucial dans l'accélération du processus d'apprentissage.

Les GPU ont été conçus à l'origine pour des tâches de graphisme et d'édition vidéo, mais leur capacité à effectuer des calculs parallèles les rend idéaux pour l'entraînement de modèles d'IA. Par rapport aux CPU, qui ont un nombre limité de cœurs et exécutent les tâches de manière séquentielle, les GPU ont des centaines ou des milliers de cœurs plus petits, ce qui leur permet d'effectuer de nombreux calculs simultanément. Cette caractéristique est particulièrement avantageuse pour l'entraînement des modèles d'apprentissage en profondeur, qui nécessitent l'exécution simultanée d'un grand nombre d'opérations sur les données.

Les TPU, développés par Google, sont encore plus spécifiques aux tâches d'IA. Ils sont spécialement optimisés pour exécuter avec une grande efficacité les opérations de tenseur typiques du deep learning. Les TPU offrent une spécialisation encore plus grande que les GPU et sont capables d'effectuer l'apprentissage et l'inférence de modèles d'IA à une vitesse et une efficacité énergétique impressionnantes. Grâce à leur architecture, les TPU peuvent traiter très efficacement de grandes quantités de multiplications matricielles et d'autres opérations tensorielles courantes dans le deep learning.

L'utilisation de GPU et de TPU a amélioré de manière spectaculaire la faisabilité et la rapidité de l'entraînement des modèles d'IA. Alors que l'entraînement de modèles complexes sur des CPU peut prendre des jours, voire des semaines, les GPU et les TPU permettent d'accélérer considérablement ce processus, souvent en quelques heures ou jours. Cette accélération est cruciale pour la recherche et le développement en IA, car elle permet de réaliser des expériences plus rapidement, d'améliorer les modèles de manière itérative et d'explorer de nouvelles architectures et de nouveaux algorithmes en une fraction du temps qui était nécessaire auparavant.

En outre, la disponibilité de ces puissantes ressources de calcul a favorisé l'accessibilité et la démocratisation de la recherche en IA. Les services basés sur le cloud permettent aux chercheurs et aux développeurs du monde entier d'accéder aux GPU et aux TPU, ce qui réduit les obstacles à l'entrée dans la recherche en IA et favorise une participation et une innovation plus larges.

Permettre des modèles plus complexes

La puissance de calcul accrue fournie par les puces modernes telles que les GPU et les TPU a un effet transformateur sur le domaine de l'intelligence artificielle.

Ces processeurs spécialisés permettent de développer des modèles d'IA plus complexes et plus profonds, capables d'identifier des modèles plus fins dans les données et d'effectuer des prédictions ou des analyses plus précises. L'importance de ces avancées technologiques est particulièrement bien illustrée par les percées réalisées dans des domaines tels que le traitement du langage et la reconnaissance d'images.

L'émergence de modèles linguistiques sophistiqués, capables de générer des textes semblables à ceux des humains, de répondre à des questions complexes et de communiquer en langage naturel, repose sur la capacité de traiter d'énormes ensembles de données et d'en tirer des enseignements. Cela ne serait pas possible sans la capacité de traitement parallèle et la vitesse offertes par les puces modernes. De même, dans le domaine de la reconnaissance d'image, les modèles d'apprentissage en profondeur ont considérablement amélioré la précision et la capacité d'interprétation des images, ce qui va du diagnostic médical à la navigation autonome des véhicules. La puissance de calcul sous-jacente permet d'analyser rapidement des millions d'images afin d'entraîner des modèles qui sont ensuite capables d'effectuer des tâches visuelles complexes.

Si la puissance des puces modernes a permis de nombreuses percées actuelles dans le domaine de l'IA, elle s'accompagne également de la nécessité de développer des algorithmes plus efficaces et de minimiser la consommation d'énergie. Trouver un équilibre entre la puissance de calcul nécessaire aux modèles d'IA avancés et la durabilité de ces processus est un défi permanent.

L'avenir de l'IA dépendra fortement de nouvelles améliorations dans la technologie du matériel. La recherche sur les nouvelles architectures de puces et les technologies à faible consommation d'énergie est essentielle pour permettre la prochaine vague d'innovations en matière d'IA, tout en minimisant l'impact sur l'environnement.

La collaboration entre les domaines du développement matériel et de la recherche en IA reste un moteur essentiel du progrès, qui a le potentiel de changer presque tous les aspects de notre vie.

Améliorer l'efficacité et réduire les coûts

Les puces modernes, souvent appelées accélérateurs d'IA, sont spécialement conçues pour rendre plus efficaces les calculs vastes et complexes nécessaires à l'entraînement et au fonctionnement des modèles d'IA. L'optimisation sur ces tâches spécifiques permet d'augmenter durablement la vitesse de l'entraînement de l'IA et des processus d'inférence, ce qui réduit à son tour les cycles de développement des solutions basées sur l'IA.

L'une des principales caractéristiques de ces puces est leur capacité à économiser l'énergie. En effectuant des calculs plus rapidement et avec moins d'énergie, elles contribuent à réduire les coûts d'exploitation des systèmes d'IA. Ce gain d'efficacité est particulièrement important, car l'entraînement des modèles d'IA, en particulier des réseaux neuronaux profonds, nécessite une énorme puissance de calcul et peut consommer des quantités considérables d'énergie électrique. En réduisant la consommation d'énergie, les technologies d'IA deviennent non seulement plus écologiques, mais aussi plus intéressantes sur le plan économique.

En outre, les progrès de la technologie des puces ont un effet démocratisant sur la recherche et le développement de l'IA. En réduisant les coûts de formation et d'exploitation des systèmes d'IA, ils ouvrent la porte à un plus grand nombre d'acteurs. Les instituts de recherche, les entreprises et les développeurs disposant de budgets différents ont ainsi la possibilité d'accéder à des technologies d'IA de qualité et de les utiliser. Il s'agit là d'une étape importante pour stimuler l'innovation et encourager l'application de l'IA dans différents domaines.

Un autre aspect soutenu par les puces spécialisées est la possibilité de développer des solutions sur mesure. En adaptant le matériel à des tâches d'IA spécifiques, les développeurs et les chercheurs peuvent créer des modèles d'IA adaptés aux besoins uniques de leurs projets ou produits. Il en résulte une amélioration des performances et de l'efficacité qui ne serait peut-être pas réalisable avec des ressources informatiques plus générales.

Promotion des applications en temps réel

La capacité de prendre des décisions en temps réel est un aspect central de nombreuses applications modernes d'IA et fait progresser le besoin de matériel spécialisé.

Dans des domaines tels que les véhicules autonomes, la traduction vocale en temps réel et les systèmes d'IA interactifs, le traitement et l'analyse rapides des données ne sont pas seulement souhaitables, ils sont absolument critiques pour la fonctionnalité et la sécurité de la technologie. Le développement de puces modernes adaptées à ces exigences joue donc un rôle clé dans la réalisation de ces applications d'IA avancées.

Les véhicules autonomes, par exemple, doivent pouvoir interpréter leur environnement en quelques millisecondes afin de prendre des décisions concernant la navigation, l'adaptation de la vitesse et les manœuvres d'évitement. La complexité des données à traiter dans ce contexte, des images de caméras aux signaux de radars et de lidars, exige une énorme puissance de calcul. Les puces modernes permettent d'analyser et de mettre en œuvre ces données en temps réel en étant spécialement optimisées pour le traitement parallèle de grandes quantités de données. Cette capacité est essentielle pour garantir la sécurité et l'efficacité des véhicules autonomes.

Dans le domaine de la traduction vocale en temps réel, les puces modernes permettent une traduction quasi instantanée du langage parlé dans une autre langue. Cela nécessite non seulement un traitement rapide des signaux acoustiques, mais aussi leur analyse à l'aide de modèles linguistiques complexes afin de saisir correctement le contexte et la signification. L'efficacité des puces modernes dans le traitement de ces tâches permet de surmonter les barrières linguistiques en temps réel, ce qui facilite la communication dans un monde globalisé.

Les systèmes d'IA interactifs, tels que ceux utilisés dans les assistants virtuels ou les expériences de divertissement interactives, bénéficient également d'un traitement rapide des données. La capacité de traiter et de réagir immédiatement aux entrées des utilisateurs rend l'interaction avec de tels systèmes naturelle et intuitive. Les puces modernes contribuent à rendre ces systèmes non seulement rapides, mais aussi capables d'utiliser des modèles linguistiques ou comportementaux complexes en temps réel afin de générer des réponses pertinentes et contextuelles.

Les puces spécialisées sont donc plus qu'une simple réalisation technique ; elles sont des facilitateurs pour une multitude d'applications qui rendent notre vie plus sûre, plus simple et plus connectée. Grâce à leur capacité à traiter efficacement les données en temps réel, elles sont indispensables à la mise en œuvre et au bon fonctionnement des technologies qui dépendent d'une prise de décision rapide. Ces puces sont un élément essentiel de l'infrastructure des applications modernes d'intelligence artificielle, permettent de trouver des solutions innovantes et font avancer le progrès technologique.

Adaptation aux exigences spécifiques

La flexibilité et l'adaptabilité des puces modernes telles que les Field-Programmable Gate Arrays (FPGA) représentent un net progrès dans le monde du matériel, notamment dans le contexte des applications d'intelligence artificielle. Les FPGA sont conçus de telle sorte qu'après leur fabrication, ils peuvent être programmés par l'utilisateur final ou le développeur pour des applications ou des tâches spécifiques. Cette caractéristique les distingue des processeurs traditionnels et des puces d'IA spécialisées, qui ont une architecture et des fonctionnalités fixes.

La possibilité d'adapter le matériel à des besoins spécifiques fait des FPGA un outil puissant pour le développement et la mise en œuvre d'applications d'IA.

L'un des principaux avantages des FPGA réside dans leur capacité à être optimisés pour une grande variété de tâches d'IA, y compris, mais pas seulement, le traitement de l'image et de la parole, la reconnaissance des formes et l'analyse des données. Contrairement aux unités centrales de traitement (CPU) et aux unités de traitement graphique (GPU) traditionnelles, qui sont conçues pour des domaines d'application plus larges, les FPGA peuvent être configurés pour prendre en charge de manière optimale les modèles et l'efficacité de calcul spécifiques requis par une application d'IA donnée. Il peut en résulter des performances et une efficacité énergétique nettement supérieures, en particulier dans les scénarios où le traitement en temps réel et l'analyse rapide des données sont essentiels.

La configurabilité des FPGA offre également une flexibilité remarquable en ce qui concerne la mise à jour et l'adaptation des systèmes d'IA. Les développeurs peuvent modifier la logique des puces FPGA afin d'implémenter de nouveaux algorithmes ou d'optimiser les performances d'applications existantes sans devoir remplacer le matériel physique. Cette adaptabilité est particulièrement précieuse dans un domaine qui évolue aussi rapidement que l'IA, car elle permet de rester en phase avec les nouveaux résultats de recherche ou les nouvelles exigences sans devoir consentir des investissements considérables dans du nouveau matériel.

En outre, les FPGA offrent une solution pour la mise en œuvre d'applications d'intelligence artificielle dans des environnements où la consommation d'énergie est un facteur critique. En optimisant le matériel pour des tâches spécifiques, les FPGA peuvent fonctionner plus efficacement que les processeurs généraux, ce qui les rend idéaux pour une utilisation dans des appareils mobiles, des systèmes embarqués et d'autres scénarios où l'efficacité énergétique est d'une importance capitale.

L'avenir des puces d'intelligence artificielle

Le développement et l'innovation continus dans le domaine des puces d'intelligence artificielle sont des moteurs fondamentaux qui façonnent l'avenir de l'intelligence artificielle.

Cette dynamique est d'une importance capitale, car les exigences imposées aux systèmes d'IA ne cessent d'augmenter, tant en termes de puissance de calcul que d'efficacité. Des groupes de recherche et des entreprises du monde entier sont engagés dans une course continue pour développer la prochaine génération de processeurs qui dépasseront les limites de performance des technologies existantes. L'objectif est de créer des puces plus rapides, plus efficaces sur le plan énergétique et offrant des fonctions spécialisées pour des applications d'IA inédites. Ces efforts ne sont pas seulement des défis technologiques, ils sont également essentiels pour exploiter pleinement le potentiel de l'IA et ouvrir de nouveaux champs d'application.

L'un des principaux objectifs est d'accélérer les calculs de l'IA. Étant donné que les modèles d'IA, notamment dans le domaine de l'apprentissage automatique et des réseaux neuronaux profonds, deviennent de plus en plus complexes, ils nécessitent une puissance de calcul considérable. Il est essentiel de développer des puces capables d'effectuer ces calculs plus rapidement afin de réduire les temps d'entraînement et de permettre l'inférence en temps réel. Cela a un impact direct sur l'efficacité et l'applicabilité de l'IA dans le monde réel, du traitement du langage naturel à la reconnaissance visuelle.

L'efficacité énergétique est un autre domaine critique. Étant donné que les applications d'IA sont de plus en plus utilisées dans des appareils mobiles et en périphérie (c'est-à-dire directement à la source des données), il est important de minimiser la consommation d'énergie afin de prolonger l'autonomie de la batterie et d'améliorer la durabilité. Les progrès dans la technologie des puces, qui conduisent à une meilleure efficacité énergétique, sont donc essentiels. Cela implique non seulement l'optimisation du matériel pour des calculs d'IA spécifiques, mais aussi le développement de nouvelles architectures qui minimisent la consommation d'énergie et la production de chaleur.

De plus, les applications émergentes de l'IA nécessitent des fonctions spécialisées qui ne peuvent pas être gérées efficacement par des processeurs génériques. Cela a conduit au développement de puces sur mesure, comme les FPGA pour des configurations flexibles ou les ASIC (Application-Specific Integrated Circuits) pour des tâches hautement spécialisées. Cette spécialisation permet de développer des solutions sur mesure pour des défis spécifiques, de l'amélioration de la reconnaissance vocale à l'accélération du séquençage du génome.

L'impact de ces avancées technologiques est vaste et s'étend à de nombreux domaines. Dans le domaine scientifique, par exemple, des puces d'IA plus puissantes permettent d'analyser de plus grandes quantités de données en moins de temps, ce qui accélère les nouvelles découvertes dans la recherche. En médecine, des systèmes d'IA améliorés peuvent contribuer à la détection précoce de maladies, permettre des plans de traitement plus personnalisés et rendre les interventions chirurgicales plus précises. Dans le secteur du divertissement, les puces d'IA avancées ouvrent de nouvelles possibilités d'expériences immersives, allant de jeux hautement réalistes à des contenus personnalisés.

L'avenir de l'IA est donc indissociable du développement de nouvelles technologies de puces. Cette innovation continue est la clé pour repousser toujours plus loin les limites de ce qui est réalisable avec l'IA et pour ouvrir la voie à de nouvelles applications. En améliorant les performances, l'efficacité et la spécialisation des puces d'IA, il sera possible de relever les défis d'aujourd'hui et de concrétiser les visions de demain.

Les smartphones comme plate-forme pour les applications d'IA

Ces dernières années, les smartphones sont devenus une plateforme centrale pour l'application et la diffusion de l'intelligence artificielle.

Ces appareils sont devenus omniprésents dans notre vie quotidienne et offrent une base unique pour les applications basées sur l'IA grâce à leurs capacités avancées et à leur large base d'utilisateurs. L'importance des smartphones en tant que plateforme pour l'IA peut être illustrée par plusieurs aspects clés.

Ubiquité et accessibilité

Les smartphones sont répandus dans le monde entier, offrant ainsi une vaste plateforme pour les applications d'IA. Ils permettent à des millions de personnes de bénéficier des avancées de l'IA, indépendamment de leur localisation ou de leur accès à la technologie informatique traditionnelle. Cette ubiquité fait des smartphones un outil puissant pour rendre les services d'IA accessibles à un large public.

Un matériel performant

L'évolution rapide du matériel des smartphones a entraîné une amélioration remarquable des capacités de ces appareils, notamment dans le domaine de l'intelligence artificielle.

Les smartphones modernes sont équipés de processeurs et d'unités graphiques avancés, spécialement optimisés pour l'exécution efficace d'algorithmes d'IA. Ces améliorations matérielles marquent un progrès considérable dans la technologie mobile, car elles permettent de traiter des tâches complexes basées sur l'IA directement sur l'appareil - un concept souvent appelé "edge computing". L'indépendance vis-à-vis des serveurs basés sur le cloud pour certaines tâches présente des avantages, notamment une meilleure confidentialité, une latence réduite et une moindre dépendance vis-à-vis des connexions Internet continues.

Des fonctions telles que la traduction vocale en temps réel, la reconnaissance d'images et la réalité augmentée sont des exemples pratiques d'applications qui bénéficient considérablement de ces développements. En utilisant les technologies d'IA directement sur l'appareil, ces fonctions peuvent être exécutées en temps réel et avec une précision impressionnante, ce qui améliore considérablement l'expérience utilisateur.

La traduction vocale en temps réel, par exemple, était autrefois (et est encore souvent) une tâche qui nécessitait de puissants serveurs dans le nuage. Cependant, l'optimisation du matériel des smartphones pour les algorithmes d'intelligence artificielle a permis de traiter et de traduire les signaux vocaux en temps réel, sans retards perceptibles. Ces améliorations favorisent non seulement une communication plus naturelle au-delà des barrières linguistiques, mais rendent également la technologie accessible dans des environnements sans connexion Internet stable.

La reconnaissance d'images sur les smartphones a également bénéficié de puces d'IA spécialisées. Les applications qui reconnaissent et interprètent des objets, des visages ou même du texte dans des images fonctionnent désormais plus rapidement et plus efficacement, ce qui permet de nombreuses applications allant de la photographie à la navigation et à la sécurité. Le traitement local de ces tâches réduit non seulement la latence, mais améliore également la sécurité et la protection de la vie privée, car les données sensibles ne doivent pas quitter l'appareil.

La réalité augmentée (AR) est un autre domaine qui a connu un essor considérable grâce à l'optimisation de l'IA dans le matériel des smartphones. On entend par là une technologie qui intègre des informations numériques telles que des images, des vidéos et des modèles 3D dans le monde réel. Ces contenus numériques sont directement superposés à ce que nous voyons autour de nous, créant ainsi une réalité augmentée dans laquelle les objets virtuels et physiques coexistent. La RA se distingue de la réalité virtuelle (RV) en ce qu'elle ne remplace pas le monde réel, mais le complète. Grâce à la RA, les utilisateurs peuvent continuer à percevoir l'environnement réel, enrichi d'éléments numériques supplémentaires.

Cette technologie est mise en œuvre en temps réel et de manière interactive, ce qui signifie que les superpositions numériques peuvent s'adapter de manière dynamique aux changements dans l'environnement réel ou dans la perspective de l'utilisateur. Un exemple classique est le jeu mobile Pokémon Go, dans lequel les joueurs cherchent et capturent des créatures virtuelles dans leur environnement réel. Mais les applications de la RA sont beaucoup plus larges et vont de l'éducation, où elle est utilisée par exemple pour illustrer des concepts scientifiques complexes, au commerce de détail, qui permet aux clients d'essayer des produits virtuellement ou de les projeter dans leur intérieur, et à l'industrie, où la RA est utilisée pour les instructions d'entretien et de réparation.

L'interaction avec la RA se fait typiquement par le biais d'appareils dotés d'une caméra et d'un écran, comme les smartphones, les tablettes ou les lunettes RA spécialisées. La caméra de l'appareil capture le monde réel, tandis que le logiciel de RA superpose le contenu numérique en se basant sur l'analyse de l'image et l'orientation de l'appareil. Le développement progressif du matériel des smartphones, notamment des processeurs plus puissants et des capteurs améliorés, a contribué à rendre la RA accessible à un public plus large et à intégrer la technologie dans une multitude d'applications quotidiennes.

Les applications de RA exigent une analyse et une interprétation rapides du monde réel afin d'incruster des informations ou des objets numériques de manière transparente. La puissance des puces des smartphones modernes permet d'effectuer ces calculs complexes en temps réel, ce qui se traduit par des expériences de RA plus fluides et plus immersives.

Capteurs et collecte de données

Les smartphones sont équipés d'un grand nombre de capteurs, dont des caméras, des microphones, des gyroscopes et des GPS. Ces capteurs collectent en permanence des données qui peuvent être utilisées par des applications d'IA afin de fournir des services personnalisés et contextuels. Par exemple, les algorithmes d'IA peuvent utiliser les informations collectées par les capteurs pour comprendre le comportement de l'utilisateur, fournir des recommandations personnalisées ou interpréter l'environnement de l'utilisateur.

Améliorer l'expérience des utilisateurs

L'intelligence artificielle est devenue une partie intégrante des smartphones modernes et contribue considérablement à l'amélioration de l'expérience utilisateur.

Grâce à l'intégration des technologies d'IA dans les smartphones, ces appareils peuvent désormais effectuer une multitude de tâches de manière plus intelligente, plus efficace et plus conviviale. L'IA permet aux smartphones d'apprendre de leurs interactions avec l'utilisateur, de s'adapter et de prédire ce dont l'utilisateur pourrait avoir besoin ensuite, ce qui se traduit par une expérience utilisateur personnalisée et intuitive.

L'un des exemples les plus frappants de l'utilisation de l'IA sur les smartphones est celui des assistants personnels intelligents. Ces assistants, comme Siri, Google Assistant ou Bixby, utilisent des technologies avancées de traitement du langage pour comprendre le langage naturel et répondre aux commandes vocales. Ils peuvent répondre à des questions, définir des rappels, contrôler la maison intelligente et même effectuer des tâches plus complexes comme la réservation. Ces assistants apprennent en permanence et s'améliorent à chaque interaction afin de fournir des réponses encore plus pertinentes et personnalisées.

Dans le domaine de la photographie, l'intégration de l'IA a également apporté des améliorations révolutionnaires. Les smartphones modernes utilisent des technologies de reconnaissance d'image basées sur l'IA pour identifier les scènes et les objets dans les photos et ajuster automatiquement les paramètres de l'appareil photo afin d'obtenir les meilleurs clichés possibles. Cette technologie peut également être utilisée pour améliorer les images après la prise de vue, par exemple en supprimant le flou, en ajustant l'exposition ou en ajoutant des effets de bokeh pour les portraits. En outre, les algorithmes d'intelligence artificielle permettent des fonctions innovantes telles que la reconnaissance des visages et des sourires, afin de capturer automatiquement le moment parfait pour une photo.

Un autre domaine dans lequel l'IA transforme l'utilisation des smartphones est la gestion de la batterie. En apprenant les modèles d'utilisation de l'utilisateur, l'IA peut piloter des systèmes adaptatifs de gestion de la batterie qui optimisent l'efficacité énergétique. Ces systèmes adaptent intelligemment les performances de l'appareil et la consommation d'énergie des apps afin de maximiser l'autonomie de la batterie. Ils peuvent par exemple reconnaître quand certaines apps sont typiquement utilisées et adapter l'allocation des ressources en conséquence ou réduire les activités inutiles en arrière-plan lorsque le téléphone est rarement utilisé.

Ces exemples illustrent la manière dont l'IA a fondamentalement amélioré l'interaction avec les smartphones. En apprenant du comportement des utilisateurs et en s'adaptant à leurs préférences, les technologies d'IA offrent une expérience personnalisée qui va bien au-delà des possibilités offertes par les systèmes traditionnels qui ne peuvent pas apprendre. L'intégration progressive de l'IA dans les smartphones promet d'affiner et d'enrichir encore la manière dont nous interagissons avec nos appareils, en les rendant encore plus intelligents, utiles et intuitifs.

Promotion du développement et de l'innovation

L'adoption rapide des smartphones et l'intégration progressive de l'intelligence artificielle (IA) dans ces appareils ont créé un écosystème fertile pour les développeurs et les entreprises, favorisant l'innovation à une échelle sans précédent.

Cet environnement dynamique a transformé le marché des applications et entraîné une forte croissance des applications basées sur l'IA, qui offrent des services sur mesure dans une multitude de domaines. La combinaison unique de l'utilisation omniprésente des smartphones et des technologies d'IA avancées ouvre de nouvelles perspectives pour le développement et le déploiement d'applications qui simplifient, enrichissent et améliorent la vie quotidienne.

Dans le domaine de la santé, par exemple, les applications basées sur l'IA permettent aux utilisateurs de mieux surveiller et gérer leur santé. Des applications qui détectent les maladies de la peau grâce à l'analyse d'images à celles qui utilisent l'analyse de données pour créer des programmes de fitness et de nutrition personnalisés, l'IA change la façon dont nous pensons et agissons en matière de santé et de bien-être. Ces technologies peuvent également être utilisées pour aider à la surveillance à distance des patients et à la prédiction des risques pour la santé, ce qui est particulièrement précieux dans les zones rurales ou mal desservies.

Dans le domaine de l'éducation, les applications basées sur l'IA offrent des expériences d'apprentissage personnalisées en analysant les progrès et les préférences des apprenants et en fournissant ensuite des contenus et des exercices sur mesure. Cela va des applications d'apprentissage des langues qui fournissent un feedback individuel aux plateformes qui enseignent des concepts scientifiques complexes par le biais de simulations interactives. La capacité à adapter le contenu d'apprentissage aux besoins de chacun a le potentiel de rendre l'éducation plus accessible et plus efficace.

Dans le secteur financier, les applications basées sur l'IA révolutionnent la manière dont nous pensons à la gestion de l'argent et aux investissements. Les applications qui analysent le comportement des utilisateurs afin de fournir des conseils d'épargne personnalisés ou celles qui effectuent des analyses de marché complexes afin de fournir des recommandations d'investissement sont de plus en plus populaires. Ces technologies contribuent à démocratiser les services financiers en rendant les conseils professionnels et les outils d'analyse avancés accessibles à une plus grande partie de la population.

Les applications basées sur l'IA sont également source d'innovation dans le domaine du divertissement. Des services de musique et de vidéo en streaming personnalisés, qui fournissent des recommandations basées sur les habitudes de consommation antérieures, aux jeux qui s'adaptent au style de jeu de l'utilisateur, ces applications offrent une expérience personnalisée.

Cet environnement de développement favorise non seulement l'innovation continue et la croissance des applications d'IA conçues spécifiquement pour les appareils mobiles, mais il incite également à une réflexion et à une amélioration constantes des technologies d'IA sous-jacentes. La proximité avec l'utilisateur final et le feedback direct que les développeurs reçoivent via les magasins d'applications accélèrent le cycle d'innovation et permettent d'adapter et d'optimiser rapidement les applications. L'intégration de l'IA dans les smartphones n'est donc pas seulement un catalyseur d'innovations technologiques, mais aussi un moteur de changement social et économique, en rendant des services performants, personnalisés et intuitifs accessibles à une large base d'utilisateurs.

En résumé, les smartphones jouent un rôle clé dans la diffusion et l'application de l'IA. Ils offrent une plateforme accessible, puissante et personnalisée qui a le potentiel d'intégrer les technologies d'IA dans la vie quotidienne de milliards de personnes dans le monde.

Les bases de l'IA et sa dépendance au matériel

Les fondements de l'intelligence artificielle couvrent un large éventail de technologies, de méthodes et de principes visant à permettre aux machines d'effectuer des tâches nécessitant l'intelligence humaine.

Il s'agit notamment de la compréhension, de l'apprentissage, de la planification, de la reconnaissance vocale et de la résolution de problèmes.

La capacité des systèmes d'IA à apprendre à partir de l'expérience, à identifier des modèles dans les données et à prendre des décisions sur la base de ces connaissances est essentielle pour le développement d'applications intelligentes. Cependant, la mise en œuvre et l'efficacité de ces systèmes dépendent de plus en plus du matériel sous-jacent. Cette dépendance se manifeste dans plusieurs domaines clés :

Puissance de calcul

Le développement et l'entraînement de modèles d'IA, en particulier dans des domaines tels que l'apprentissage automatique et l'apprentissage profond, sont des processus à forte intensité de calcul. Ils nécessitent une quantité considérable de puissance de calcul pour ajuster des millions, voire des milliards de paramètres utilisés dans les modèles. Les processeurs modernes tels que les GPU (Graphics Processing Units), les TPU (Tensor

Processing Units) et les puces IA spécialisées fournissent la puissance de calcul élevée nécessaire à ces tâches en permettant un traitement parallèle et des opérations matricielles efficaces, qui sont critiques pour l'apprentissage des modèles d'IA.

Mémoire et bande passante de stockage

L'efficacité de l'intelligence artificielle et de l'apprentissage automatique dépend en grande partie de la capacité à traiter et à analyser rapidement et efficacement de grandes quantités de données. La puissance de calcul des processeurs est un facteur critique à cet égard, mais elle ne constitue qu'une partie de l'équation. Une mémoire suffisante et une bande passante de stockage élevée sont au moins aussi importantes, car elles sont essentielles pour maximiser l'efficacité du processus d'apprentissage et de l'exécution des modèles d'IA. Ensemble, ces facteurs définissent la performance des systèmes d'IA.

La mémoire joue un rôle tout aussi important, car elle contient les données qui sont traitées par les processeurs. Si la mémoire est insuffisante, les données doivent être traitées par lots plus petits ou être rechargées à partir de supports de stockage plus lents, ce qui peut ralentir le processus. La capacité de stockage doit être suffisamment grande pour contenir les énormes quantités de données nécessaires à l'entraînement des modèles d'IA, en particulier dans le cas des réseaux neuronaux profonds, qui sont entraînés sur de vastes ensembles de données.

La bande passante mémoire - c'est-à-dire la vitesse à laquelle les données peuvent être déplacées entre la mémoire et les processeurs - est un autre facteur déterminant. Une bande passante mémoire élevée permet aux données d'être livrées aux processeurs suffisamment rapidement pour garantir un traitement continu et efficace. En revanche, une bande passante limitée peut entraîner des goulets d'étranglement qui ralentissent l'ensemble du processus, car les processeurs doivent attendre pour accéder aux données.

La mémoire à grande largeur de bande (HBM) représente une évolution importante dans la technologie de la mémoire, spécialement conçue pour répondre aux exigences élevées des systèmes d'intelligence artificielle modernes. Au cœur de la HBM se trouve le problème de la bande passante mémoire, qui limite souvent les solutions mémoire traditionnelles telles que la mémoire DDR (Double Data Rate) en termes de vitesse de transfert des données entre la mémoire et les unités de traitement.

HBM atteint sa bande passante élevée grâce à une architecture radicalement différente de celle des conceptions de mémoire traditionnelles. Au lieu de s'appuyer sur une interface large avec une fréquence d'horloge élevée, HBM utilise un nombre beaucoup plus important de canaux de données, chacun fonctionnant à une fréquence d'horloge plus faible. Cette conception permet à HBM de déplacer les données beaucoup plus rapidement, ce qui se traduit par une augmentation considérable de la bande passante totale. En outre, HBM est physiquement placé plus près du processeur ou du GPU, souvent juste à côté de la puce ou même empilé et relié par des interposeurs en silicium. Cette proximité physique réduit encore le temps de latence lors de la transmission des données et améliore encore l'efficacité du système.

Les avantages de HBM sont particulièrement perceptibles dans les applications qui nécessitent un traitement intensif des données, comme c'est le cas de l'IA et de l'apprentissage automatique. Les modèles d'IA, en particulier les réseaux neuronaux profonds, bénéficient de la capacité de déplacer plus rapidement de grands ensembles de données et de modèles à travers la mémoire, ce qui réduit les temps d'entraînement et augmente la vitesse d'inférence. Cela est crucial pour les applications qui doivent fonctionner en temps réel ou presque, comme la conduite autonome, les services de traduction en temps réel ou les assistants interactifs d'IA.

HBM soutient également le développement de modèles d'IA plus complexes et plus puissants, car les développeurs ne sont plus limités de la même manière par la bande passante mémoire. Cela ouvre de nouvelles possibilités pour la recherche et le développement en IA, car les modèles peuvent être conçus de manière plus profonde, plus précise et donc plus performante, sans pour autant subir de pertes disproportionnées en termes de vitesse d'exécution.

L'équilibre entre la puissance du processeur, la capacité et la bande passante de la mémoire est désormais crucial pour l'optimisation des systèmes d'IA.

Efficacité énergétique

Comme décrit précédemment, l'efficacité énergétique est un facteur essentiel dans le matériel d'IA, en particulier pour les applications qui fonctionnent dans des appareils mobiles ou dans des centres de données à grande échelle. Un matériel à haute efficacité énergétique réduit la consommation d'énergie et les coûts associés, ce qui est particulièrement important étant donné que l'entraînement des modèles d'IA et l'exploitation des applications d'IA peuvent être gourmands en énergie. Les puces et les processeurs spécialisés dans l'IA sont souvent conçus pour offrir une meilleure efficacité énergétique par rapport aux processeurs généraux.

Spécialisation vs. généralisation

La distinction entre les unités centrales générales et les composants matériels d'IA spécialisés tels que les unités de traitement graphique (GPU) et les unités de traitement du tenseur (TPU) est fondamentale lorsqu'il s'agit d'exécuter des applications d'IA. Les unités centrales, qui sont au cœur de la plupart des ordinateurs, sont conçues pour un large éventail de tâches. Ils peuvent tout gérer, des tâches de calcul simples aux opérations logiques complexes. Leur architecture est axée sur la flexibilité et la capacité de traitement séquentiel des données, ce qui les rend idéaux pour les tâches informatiques générales.

En revanche, les GPU ont été conçus à l'origine pour le traitement des graphiques et des images, mais leur capacité à effectuer de nombreux calculs en parallèle les rend également particulièrement précieux pour les applications d'IA. Les GPU peuvent exécuter des milliers de threads simultanément, ce qui les rend idéaux pour les opérations de calcul parallèles massives qui sont courantes dans l'apprentissage automatique et l'apprentissage profond. Cette capacité de traitement parallèle signifie que les GPU peuvent former et exécuter des modèles et des algorithmes d'IA beaucoup plus rapidement que les CPU.

Les TPU sont encore plus spécifiques aux tâches d'IA et ont été conçues dès le départ dans le but de soutenir efficacement l'apprentissage automatique. Les TPU optimisent certaines opérations mathématiques qui interviennent fréquemment dans les calculs d'IA, comme la multiplication matricielle, ce qui peut permettre des calculs encore plus rapides par rapport aux GPU. Google utilise par exemple les TPU en interne pour entraîner et exécuter ses modèles d'IA, ce qui permet d'améliorer considérablement les performances.

Le choix entre les CPU, les GPU et les TPU dépend fortement de l'application spécifique de l'IA. Alors que les CPU sont toujours indispensables en raison de leur flexibilité et de leur capacité à gérer un large éventail de tâches, les GPU et les TPU offrent des avantages décisifs pour les calculs d'IA. Le choix du matériel à utiliser repose sur un certain nombre de facteurs, notamment la nature de la tâche d'IA, la taille et la complexité du modèle, les contraintes de temps et de coût et les exigences spécifiques de l'application.

La spécialisation des GPU et des TPU permet d'exécuter les calculs de l'IA plus efficacement et plus rapidement, mais cette spécialisation s'accompagne d'un compromis sur la flexibilité. Les GPU et les TPU sont optimisés pour certains types de calculs et peuvent ne pas être aussi efficaces pour des tâches ne relevant pas de ces spécialisations. Dans certains cas, notamment pour les projets d'IA de petite taille ou moins gourmands en ressources de calcul, un CPU pourrait suffire et constituer une option plus économique. Toutefois, pour les projets d'IA à grande échelle nécessitant des calculs intensifs, les avantages du matériel spécialisé l'emportent nettement sur les restrictions potentielles en matière de flexibilité.

Accessibilité

La disponibilité et l'accessibilité d'un matériel adapté à l'IA déterminent qui sera en mesure de développer et de former des modèles d'IA. Alors que les grandes entreprises et les instituts de recherche peuvent avoir accès aux technologies les plus récentes, il est important que les outils de développement et le matériel soient également accessibles aux petites équipes de développeurs et aux individus afin d'encourager un large éventail d'innovations et d'applications.

Globalement, le développement de l'IA est indissociable de l'évolution du matériel. Alors que le logiciel définit "l'intelligence" des systèmes d'IA, c'est le matériel qui rend cette intelligence réalisable et utilisable dans la pratique. L'avenir de l'IA ne dépend donc pas seulement des percées dans les algorithmes et la science des données, mais aussi des progrès du matériel qui soutiennent ces innovations.

Concepts de base et applications de l'IA et de la ML

L'intelligence artificielle (IA) et l'apprentissage automatique (ML) sont des domaines de l'informatique qui visent à développer des systèmes capables d'effectuer des tâches nécessitant une intelligence humaine. Ces technologies ont le potentiel de transformer de nombreux aspects de notre vie, de notre façon de travailler à notre compréhension de la santé et de la médecine. Pour comprendre les fondements et les applications de ces disciplines, il est utile de se familiariser avec certains de leurs concepts clés et domaines d'application typiques.

Concepts de base de l'IA

L'intelligence artificielle fait référence au vaste domaine qui permet aux machines d'effectuer des tâches qui requièrent typiquement l'intelligence humaine. Cela inclut la résolution de problèmes, la compréhension du langage naturel, la reconnaissance de formes et d'images, la prise de décision et bien plus encore. L'IA peut être divisée en deux catégories principales :

- L'IA faible, également connue sous le nom d'"IA appliquée", est inhérente aux systèmes conçus pour des tâches spécifiques, comme les assistants à commande vocale ou les systèmes de recommandation.
- L'IA forte ou "Intelligence Artificielle Générale" fait référence à des systèmes ou des machines capables de reproduire de manière exhaustive le fonctionnement cognitif de l'être humain. De tels systèmes sont théoriquement capables d'accomplir n'importe quelle tâche mentale dont un utilisateur humain est capable.

IA faible

Le terme "IA faible", souvent appelé "IA appliquée", joue un rôle central dans la compréhension des différents types d'intelligence artificielle et de leurs applications. L'IA faible fait référence à des systèmes spécialement conçus pour accomplir une tâche spécifique ou un ensemble de tâches étroitement limité, sans pour autant reproduire ou comprendre l'intelligence humaine dans son ensemble. Ce type d'IA fonctionne selon un ensemble de règles établies ou apprend à partir de données afin d'atteindre des objectifs spécifiques prédéfinis.

Les assistants à commande vocale tels que Siri, Alexa ou Google Assistant sont un bon exemple d'IA faible. Ces systèmes sont entraînés à comprendre le langage humain et à y réagir, à rechercher des informations, à exécuter des commandes simples ou à répondre aux demandes des utilisateurs. Bien que leur capacité à traiter le langage naturel et à répondre à une grande variété de demandes soit impressionnante, ils opèrent dans un cadre très spécifique. Ils ne sont pas en mesure d'agir en dehors de leurs connaissances et capacités programmées, ni de faire preuve d'une véritable compréhension ou conscience.

Les systèmes de recommandation, tels que ceux utilisés par les services de streaming comme Netflix ou les plateformes de commerce électronique comme Amazon, en sont un autre exemple. Ces systèmes analysent le comportement et les préférences des utilisateurs afin de faire des suggestions personnalisées de films, de séries télévisées ou de produits. Alors que ces systèmes sont capables de fournir des recommandations étonnamment précises sur la base d'énormes quantités de données, leur intelligence est limitée à ce contexte spécifique.

Les systèmes d'IA faibles sont généralement caractérisés par l'apprentissage automatique et l'analyse des données. Ils utilisent de grandes quantités de données et d'algorithmes pour identifier des modèles et prendre des décisions dans leur domaine d'application. Leur développement nécessite une connaissance approfondie de la science des données et de l'apprentissage automatique, ainsi qu'une planification minutieuse des domaines d'application afin de garantir que les systèmes agissent efficacement et de manière éthiquement responsable.

Malgré les capacités limitées de l'IA faible, son développement a un impact significatif sur de nombreux secteurs industriels et applications quotidiennes. Elle permet l'automatisation et l'amélioration de l'efficacité dans des domaines tels que le service à la clientèle, le marketing, les soins de santé, les services financiers et bien d'autres. Les progrès de l'IA faible conduisent à des systèmes de plus en plus intelligents, capables d'accomplir des tâches spécifiques avec une précision et une utilité croissantes.

Une IA forte

L'IA forte, également connue sous le nom d'"intelligence artificielle générale" (AGI), représente l'objectif ambitieux de la recherche en IA de développer des systèmes ou des machines capables d'imiter l'ensemble des capacités cognitives humaines. Contrairement à l'IA faible, qui est conçue pour des tâches spécifiques, l'IA forte vise à créer une intelligence universelle capable d'apprendre, de comprendre, de raisonner et de créer de manière autonome dans un large éventail de domaines.

Un système doté d'une IA forte serait capable d'accomplir n'importe quelle tâche mentale qu'un être humain peut également accomplir. Cela inclut non seulement des tâches spécialisées comme jouer aux échecs ou dia-gnostiquer une maladie, mais aussi la capacité d'ap-prendre de ses expériences, de s'adapter à des circons-tances nouvelles et inconnues, de résoudre des pro-blèmes de manière autonome, de penser de manière créative et même de posséder des émotions et une cons-cience. La réalisation d'une telle intelligence repousse-rait radicalement les limites de ce que les machines peu-vent faire et pourrait théoriquement donner naissance à des machines non seulement capables de rivaliser avec les humains dans des tâches spécifiques, mais également capables de dépasser les capacités humaines et de créer des innovations autonomes.

Le développement d'une IA forte soulève toutefois d'im-portantes questions techniques, philosophiques et éthiques.

D'un point de vue technique, la recherche est confrontée au défi de développer des algorithmes qui permettent une intelligence aussi flexible et adaptative. Cela pour-rait nécessiter une percée dans des domaines tels que l'apprentissage automatique, les réseaux neuronaux et la modélisation cognitive. D'un point de vue philoso-phique, l'idée d'une machine dotée d'une intelligence semblable à celle de l'homme soulève des questions sur la nature de la conscience et de l'identité.

Les considérations éthiques jouent également un rôle crucial. La possibilité que des machines prennent des dé-cisions qui nécessitaient traditionnellement un jugement humain soulève des questions de responsabilité, de sécurité et d'impact social.

Bien que la réalisation d'une IA forte soit une vision fascinante, elle reste à l'heure actuelle largement spéculative et, en matière de recherche et de développement, une perspective à long terme. La plupart des systèmes d'IA actuels entrent dans la catégorie de l'IA faible, bien que les progrès dans le domaine de l'apprentissage automatique et de la recherche en IA repoussent constamment et rapidement les limites de ce qui est technologiquement possible. Cependant, l'évolution vers une IA forte ne représenterait pas seulement une avancée majeure en matière de technologie informatique, mais aurait également un impact central sur presque tous les aspects de la société humaine.

Concepts de base de l'apprentissage automatique

L'apprentissage automatique est un sous-champ de l'IA qui utilise des algorithmes et des modèles statistiques pour permettre aux programmes informatiques d'apprendre et de s'améliorer à partir de données sans être explicitement programmés. Les modèles ML apprennent de l'expérience (données) pour faire des prédictions ou prendre des décisions basées sur de nouvelles données jamais vues auparavant. Les principales catégories d'apprentissage automatique sont les suivantes :

- Apprentissage supervisé, où les modèles sont entraînés à partir de paires entrée-sortie. Le système tente d'apprendre une fonction qui met en correspondance des entrées et des sorties.

- Apprentissage non supervisé, dans lequel les algorithmes apprennent sur des ensembles de données sans réponses prédéfinies et découvrent des structures cachées dans les données.
- L'apprentissage par renforcement est basé sur le principe de la récompense et de la punition. Un agent apprend comment se comporter dans un environnement afin d'obtenir une récompense maximale.

Apprentissage surveillé

L'apprentissage supervisé est l'une des techniques centrales dans le domaine de l'apprentissage automatique et joue un rôle crucial dans le développement de l'intelligence artificielle.

Dans cette méthode, le modèle est entraîné avec un ensemble de données composé de paires entrée-sortie. Chaque paire de l'ensemble de données d'apprentissage se compose d'une entrée (souvent appelée "caractéristique") et d'une sortie ou d'une cible correspondante (également appelée "étiquette"). L'objectif de l'apprentissage supervisé est d'apprendre une fonction qui reproduit aussi précisément que possible la relation entre les données d'entrée et les données de sortie. Une fois que le modèle est entraîné, il doit être capable de prédire ou de classer la sortie pour de nouvelles entrées inconnues.

Le processus d'apprentissage supervisé comprend plusieurs étapes. Tout d'abord, un algorithme qui semble adapté à la tâche spécifique est sélectionné. Il pourrait s'agir d'un algorithme simple tel que la régression linéaire pour des prédictions continues (par exemple, prédire le prix d'un produit en fonction de ses caractéristiques) ou d'un algorithme plus complexe tel qu'un réseau neuronal profond pour des tâches de classification (par exemple, reconnaître des objets sur des images). L'algorithme est ensuite alimenté par un ensemble de données d'apprentissage qui l'aide à "apprendre" la relation entre les entrées et les sorties souhaitées.

L'entraînement d'un modèle dans le cadre de l'apprentissage supervisé implique typiquement la minimisation d'une erreur ou d'une perte mesurant la différence entre les dépenses prédites par le modèle et les dépenses réelles dans l'ensemble de données d'entraînement. Grâce au processus d'apprentissage, le modèle adapte ses paramètres internes afin de minimiser cette erreur. Une fois l'entraînement terminé, le modèle est évalué à l'aide d'un ensemble de données distinct qu'il n'a pas vu pendant l'entraînement (l'ensemble de données de test) afin de vérifier sa précision et ses performances.

L'apprentissage supervisé est utilisé dans une multitude d'applications, de la reconnaissance vocale et de la classification de texte à la reconnaissance d'images et à la prédiction des mouvements du marché boursier. L'efficacité de l'apprentissage supervisé dépend fortement de la qualité et de la quantité des données d'apprentissage

disponibles. Des données de haute qualité, bien anno-
tées, permettent au modèle de faire des prédictions plus
précises. Toutefois, la collecte et l'annotation de telles
données peuvent prendre du temps et être coûteuses, ce
qui constitue un défi.

Malgré ce défi, l'apprentissage supervisé reste une méthode puissante dans la boîte à outils de l'IA, qui permet
de résoudre des problèmes complexes et d'obtenir un
aperçu précieux des données. L'amélioration continue
des algorithmes, associée à la disponibilité croissante de
grandes quantités de données et de ressources de calcul
plus puissantes, stimule les progrès et l'adoption des
méthodes d'apprentissage supervisé.

Apprentissage non supervisé

L'apprentissage non supervisé est une méthode d'apprentissage automatique qui se caractérise par le fait
qu'elle opère sans réponses ou étiquettes explicitement
prédéfinies dans les données de formation. Contrairement à l'apprentissage supervisé, dans lequel les modèles sont entraînés à partir d'exemples avec des paires
entrée-sortie connues, l'apprentissage non supervisé
vise à découvrir des modèles, des structures ou des relations cachés au sein d'un ensemble de données composé
uniquement de données d'entrée, sans sorties ou étiquettes associées.

Cette méthode est particulièrement utile dans les scénarios où les relations entre les points de données ne sont

pas connues à l'avance ou lorsqu'il est impossible ou peu pratique de créer un vaste ensemble de données avec des étiquettes. L'apprentissage non supervisé peut être divisé en plusieurs techniques, dont le clustering, la réduction de dimension et l'apprentissage de règles d'association.

- Le clustering est l'une des techniques les plus connues de l'apprentissage non supervisé. Elle consiste à répartir les points de données en groupes (clusters) de sorte que les points d'un cluster soient plus similaires entre eux que les points d'autres clusters. Cette méthode est souvent utilisée pour segmenter les données, par exemple dans la segmentation de la clientèle en marketing, afin d'identifier des groupes de clients ayant des préférences ou des comportements similaires.

- La réduction dimensionnelle est une autre technique importante utilisée pour réduire la complexité des données en réduisant le nombre de variables, tout en essayant de préserver les informations essentielles. Des techniques telles que l'analyse en composantes principales (ACP) sont utilisées pour réduire la dimensionnalité des ensembles de données, ce qui permet non seulement d'économiser de l'espace de stockage et du temps de calcul, mais aussi d'aider à mieux comprendre les structures sous-jacentes des données.

- L'apprentissage de règles d'association est une méthode qui vise à trouver des relations intéressantes entre des variables dans de grandes bases de données. Un exemple classique est "l'analyse du panier d'achat" dans le commerce de détail, qui consiste à examiner quels produits sont souvent achetés ensemble afin d'optimiser les stratégies de vente.

Le défi de l'apprentissage non supervisé réside dans le fait qu'en l'absence de réponses prédéfinies, l'évaluation des performances du modèle est moins claire que dans le cas de l'apprentissage supervisé. Il n'existe pas de "bonne" réponse simple, et la qualité des résultats doit souvent être évaluée en fonction du contexte ou de l'expertise humaine. Néanmoins, l'apprentissage non supervisé offre des outils puissants pour obtenir un aperçu des données qui resteraient autrement cachées, en particulier dans les premières phases de l'exploration des données, lorsque les questions à poser ou les structures existantes ne sont pas encore claires.

Grâce à sa capacité à identifier des modèles cachés dans les données sans dépendre d'annotations préalables, l'apprentissage non supervisé joue un rôle de plus en plus important dans de nombreux domaines de l'analyse de données, de la découverte de nouvelles perspectives scientifiques à l'amélioration des processus d'entreprise et de l'expérience client.

Apprentissage par renforcement

L'apprentissage par renforcement est une méthode sup-
plémentaire et dynamique d'apprentissage automatique
basée sur les principes de récompense et de punition. Au
cœur de l'apprentissage par renforcement se trouve un
agent qui apprend à sélectionner les meilleures actions
possibles pour atteindre ses objectifs en interagissant
avec son environnement. Ce paradigme d'apprentissage
s'inspire de la psychologie béhavioriste et imite la manière dont les êtres vivants apprennent en recherchant
des récompenses et en évitant les punitions.

Le concept de base de l'apprentissage par renforcement
tourne autour de l'agent, de l'environnement et de la manière dont les deux interagissent. L'agent prend des décisions ou effectue des actions dans n'importe quel état
de l'environnement. En réponse, l'environnement modifie son état et donne un feedback à l'agent sous la forme
de récompenses ou de punitions. La récompense est une
valeur numérique qui signale à l'agent à quel point une
action donnée a été bénéfique. L'objectif de l'agent est
d'apprendre une stratégie (également connue sous le
nom de politique) qui maximise la récompense cumulée
au fil du temps.

L'apprentissage par renforcement a trouvé des applications impressionnantes dans différents domaines, de
l'optimisation des stratégies de jeu d'échecs et de go, où
des programmes comme AlphaGo ont atteint des étapes
historiques, à la robotique, où il est utilisé pour

apprendre aux robots à accomplir de manière autonome des tâches complexes comme la marche, la préhension ou le vol. Il est également utilisé dans l'automatisation et l'optimisation des processus de prise de décision dans des systèmes complexes tels que les réseaux électriques intelligents et la finance.

L'un des principaux défis de l'apprentissage par renforcement est l'équilibre entre l'exploration et l'exploitation. L'exploration fait référence à l'essai de nouvelles actions afin d'en apprendre davantage sur l'environnement, tandis que l'exploitation représente l'utilisation des connaissances déjà acquises afin de maximiser la récompense. Un agent efficace doit apprendre quand il est préférable d'explorer de nouvelles stratégies et quand il convient d'exécuter des actions éprouvées.

Un autre défi est celui de la mise à l'échelle : de nombreux problèmes réels offrent un nombre énorme, voire infini, d'états et d'actions, ce qui les rend difficiles à résoudre par des méthodes traditionnelles. C'est là qu'interviennent des techniques avancées telles que les réseaux neuronaux profonds, appelés "deep reinforcement learning". Ces méthodes ont la capacité d'apprendre à partir de données complexes et hautement dimensionnelles et ont conduit à des percées significatives dans l'application de l'apprentissage par renforcement.

Capacités de calcul pour les algorithmes d'IA

On ne soulignera jamais assez la nécessité de disposer de puissantes capacités de calcul pour le développement et l'application de l'IA. Cette dépendance découle de la complexité inhérente des algorithmes d'IA, en particulier ceux qui relèvent du domaine de l'apprentissage automatique (ML) et de l'apprentissage en profondeur. Le traitement d'énormes quantités de données, l'entraînement de vastes réseaux neuronaux et l'analyse d'informations en temps réel exigent une puissance de calcul exceptionnelle. Les raisons de ces exigences peuvent être résumées comme suit :

De vastes ensembles de données

Les modèles d'IA et de ML apprennent et s'améliorent grâce à l'analyse de grands ensembles de données. Le traitement et l'analyse de ces données nécessitent des ressources informatiques considérables. Plus l'ensemble de données est grand, plus le modèle peut identifier des modèles et faire des prédictions avec précision. Or, le traitement de tels ensembles de données dans un délai acceptable nécessite des systèmes de calcul très performants.

Complexité des modèles

Les modèles d'IA modernes, en particulier les réseaux neuronaux profonds, se composent de millions, voire de milliards de paramètres qui doivent être ajustés afin de pouvoir effectuer des prédictions ou des analyses précises. L'entraînement de ces modèles nécessite une immense quantité de multiplications matricielles et d'autres opérations de calcul intensif qui ne seraient pas viables sans matériel performant.

Exigences en temps réel

De nombreuses applications d'IA, telles que les véhicules autonomes, les assistants personnels et les services de traduction en temps réel, nécessitent une prise de décision et une capacité de réaction rapides. Ces exigences en temps réel ne peuvent être satisfaites qu'avec une capacité de calcul suffisamment puissante pour minimiser les temps de latence et garantir une expérience utilisateur fluide.

Formation et optimisation itératives

Le développement de modèles d'IA est un processus itératif dans lequel les modèles sont continuellement adaptés, testés et réentraînés afin d'améliorer leur précision et leur efficacité. Ce processus peut être long sans matériel rapide et efficace, ce qui nuit à la vitesse d'innovation et à l'application pratique des résultats de la recherche.

Matériel spécialisé

Les exigences spécifiques des algorithmes d'IA ont conduit au développement de matériels spécialisés tels que les GPU (Graphics Processing Units), les TPU (Tensor Processing Units) et les FPGA (Field-Programmable Gate Arrays). Ces derniers sont optimisés pour le traitement parallèle et d'autres opérations de calcul typiques de l'IA, ce qui permet d'accélérer considérablement l'apprentissage et l'exécution des modèles d'IA.

En résumé, les progrès de l'IA sont indissociables des progrès de la puissance de calcul. La disponibilité et le développement de puissantes capacités de calcul sont essentiels à la recherche de nouvelles méthodes d'apprentissage automatique, au développement de modèles plus avancés et plus complexes, ainsi qu'à l'application généralisée des technologies d'IA dans l'industrie et la vie quotidienne. L'investissement dans les ressources de calcul est donc une condition fondamentale pour le progrès et l'innovation dans le domaine de l'IA.

Types de puces utilisées dans l'IA

Comme nous l'avons vu, le développement et l'application de l'IA sont étroitement liés aux progrès de la technologie matérielle. Différents types de puces jouent un rôle crucial dans la recherche et l'application de l'IA, chacune avec ses propres points forts et ses domaines d'application spécifiques. Voici un aperçu des puces les plus utilisées dans l'IA : les CPU, les GPU, les TPU et les FPGA.

CPU (unités centrales de traitement)

Les CPU, abréviation de Central Processing Units, sont depuis longtemps au cœur des ordinateurs modernes et jouent un rôle crucial dans le traitement de l'information. Ils sont conçus pour effectuer une grande variété de tâches, des calculs les plus basiques aux algorithmes les plus complexes utilisés dans l'analyse des données, la conception graphique et bien d'autres domaines. En substance, les unités centrales agissent comme le cerveau d'un ordinateur, en exécutant les instructions des programmes par une série d'opérations arithmétiques.

L'architecture d'une unité centrale est généralement divisée en plusieurs cœurs, chacun d'entre eux étant capable de traiter des tâches en parallèle. Cela augmente l'efficacité et la vitesse de l'ensemble du système, en particulier pour les programmes optimisés pour le multithreading. La performance d'une unité centrale est déterminée par différents facteurs, notamment sa fréquence d'horloge, mesurée en gigahertz (GHz), le nombre de cœurs, la taille de la mémoire cache et l'efficacité de son architecture.

Les unités centrales modernes comprennent également des unités fonctionnelles spécialisées, telles que des processeurs vectoriels ou des unités graphiques intégrées, optimisées pour des tâches spécifiques telles que le rendu de graphiques ou l'accélération de l'apprentissage automatique. Cette évolution reflète la demande croissante d'appareils multifonctionnels capables de prendre en charge à la fois des opérations de calcul puissantes et des traitements graphiques sophistiqués.

Au fil des années, l'évolution de la technologie des unités centrales a permis d'améliorer considérablement les performances, ce qui, à son tour, a permis de développer des logiciels et des applications capables d'exécuter des tâches de plus en plus sophistiquées. Ces progrès ont joué un rôle clé dans la création du monde numérique moderne, de l'élargissement des possibilités dans le domaine de l'intelligence artificielle à la possibilité de réaliser des simulations scientifiques complexes.

Malgré leur rôle central dans la technologie informatique, l'avenir des unités centrales est mis au défi par des technologies émergentes telles que l'informatique quantique et les unités de traitement spécialisées, telles que les processeurs graphiques (GPU) et les réseaux de portes programmables sur le terrain (FPGA). Ces technologies offrent des avantages considérables en termes de performances pour certaines applications et pourraient changer radicalement la manière dont la puissance de calcul sera utilisée à l'avenir.

Utilisation des CPU dans l'IA

Les CPU sont capables de gérer un large éventail de tâches, notamment celles qui nécessitent des traitements séquentiels. Cela les rend idéaux pour les premières étapes du développement de logiciels, pour la mise en œuvre d'algorithmes qui ne dépendent pas d'un parallélisme élevé et pour les applications où l'ordre des opérations est critique. En outre, la présence universelle des CPU dans les ordinateurs et les serveurs les rend facilement accessibles, ce qui en fait un choix pratique pour de nombreuses tâches de développement et de calcul.

Malgré cette polyvalence et cette accessibilité, les CPU présentent des inconvénients, notamment par rapport au matériel spécialement conçu pour les calculs d'IA, comme les GPU (Graphics Processing Units) et les TPU (Tensor Processing Units). Ces processeurs spécialisés peuvent effectuer des tâches nécessitant des opérations de calcul hautement parallèles de manière beaucoup plus efficace. L'IA et l'apprentissage automatique (ML) sont des domaines qui bénéficient particulièrement de ce type de capacité de traitement parallèle, car ils permettent de traiter de grands ensembles de données et d'effectuer des calculs complexes dans des délais beaucoup plus courts.

Les GPU, conçus à l'origine pour les calculs graphiques, se sont toutefois révélés particulièrement utiles pour accélérer les charges de travail d'IA et de ML. Cela est dû à leur capacité à effectuer simultanément des milliers de petits calculs, ce qui les rend idéaux pour les opérations matricielles et vectorielles qui sont fréquentes dans ces applications. Les TPU, qui sont encore plus spécialisés, ont été spécialement conçus pour accélérer les calculs de tenseurs dans le contexte de TensorFlow de Google, un framework d'apprentissage automatique largement utilisé. Ils offrent une efficacité encore plus grande pour certains calculs d'IA.

Les limites des CPU en ce qui concerne les calculs d'IA hautement parallèles résident principalement dans leur architecture. Alors qu'ils sont conçus pour une large gamme de tâches, ils ne peuvent pas exécuter le même nombre d'opérations simultanément que les GPU ou les TPU. Cela se traduit par des temps d'exécution plus longs pour les tâches qui dépendent fortement du traitement parallèle, ce qui est le cas de nombreuses applications d'IA modernes. Par conséquent, bien que les CPU jouent un rôle important dans le développement et l'exécution des programmes d'IA, en particulier dans les scénarios où le matériel spécialisé n'est pas nécessaire ou disponible, ils sont souvent complétés ou remplacés par des GPU ou des TPU lorsqu'il s'agit de mettre à l'échelle et d'accélérer les calculs d'IA.

GPU (unités de traitement graphique)

Les GPU, ou processeurs graphiques, ont connu une évolution significative qui va bien au-delà de leurs applications initiales dans le traitement graphique.

Conçus à l'origine pour accélérer l'affichage des images et des vidéos sur les écrans, ils sont devenus un outil indispensable pour l'entraînement des modèles d'intelligence artificielle (IA) et d'apprentissage automatique

(ML). Cette évolution a été rendue possible par les caractéristiques uniques des GPU, notamment leur architecture hautement parallèle.

La force principale des GPU réside dans leur capacité à traiter des milliers de threads simultanément, ce qui les rend extraordinairement puissants pour les tâches nécessitant un traitement parallèle massif. Cette caractéristique les rend idéaux pour l'entraînement de modèles d'IA et de ML qui doivent effectuer des calculs complexes sur de grands ensembles de données. Contrairement aux CPU, qui sont conçus pour le traitement séquentiel et ont un nombre limité de cœurs pour les tâches parallèles, les GPU peuvent exécuter un nombre immense d'opérations simultanément, ce qui réduit de façon spectaculaire le temps de traitement pour les tâches appropriées.

L'entraînement des modèles d'IA et de ML est particulièrement intensif en termes de calcul, car il nécessite l'ajustement répété de paramètres sur de grands ensembles de données afin d'optimiser le modèle. Ce processus implique une énorme quantité d'opérations matricielles et vectorielles, des tâches pour lesquelles les GPU sont particulièrement bien adaptés. En utilisant les GPU, les chercheurs et les développeurs peuvent réduire le temps nécessaire à l'entraînement des modèles de plusieurs semaines ou mois à quelques jours, voire quelques heures, ce qui permet d'accélérer le cycle d'itération et d'explorer des modèles plus complexes.

L'utilisation croissante des GPU dans l'IA et le ML a conduit à un développement de matériel spécialisé, particulièrement optimisé pour ce type de calculs. Cela inclut des améliorations de l'architecture GPU visant spécifiquement à maximiser les performances et l'efficacité des calculs d'IA. En outre, la prolifération des GPU a accéléré la croissance de frameworks et de bibliothèques comme TensorFlow, PyTorch et d'autres, qui simplifient la programmation pour le traitement parallèle et démocratisent l'accès aux ressources GPU.

Le rôle transformateur des GPU dans le monde de l'IA et du ML est un exemple clair de la manière dont l'adaptabilité et la puissance du matériel peuvent stimuler le développement des technologies. En fournissant la puissance de calcul nécessaire à l'entraînement des modèles, les GPU ont non seulement accéléré la recherche et le développement dans ces domaines, mais aussi ouvert de nouvelles possibilités d'innovation et d'applications qui semblaient auparavant inaccessibles.

Les GPU sont particulièrement efficaces pour les opérations fréquemment utilisées dans l'apprentissage automatique et l'apprentissage profond, telles que les multiplications matricielles. Leur capacité à exécuter des milliers de threads simultanément en fait un choix privilégié pour l'entraînement de réseaux neuronaux complexes.

La nette accélération qu'offrent les GPU par rapport aux CPU pour les tâches de traitement parallèle en a fait un outil indispensable dans le domaine de l'entraînement des modèles d'IA. Cette accélération s'explique par les différences architecturales fondamentales entre les deux types de processeurs. Alors que les CPU sont conçus pour un large éventail de tâches et sont capables d'exécuter des instructions complexes avec un nombre relativement faible de cœurs, les GPU sont spécialement conçus pour traiter de nombreux threads parallèles. Cela permet aux GPU d'exécuter des milliers d'opérations simultanément, par rapport aux opérations parallèles limitées qu'un CPU peut effectuer.

Cette capacité de traitement parallèle massif rend les GPU particulièrement adaptés à l'entraînement des modèles d'IA, qui nécessite des opérations de calcul intensives sur de grands ensembles de données. Lors de l'entraînement de modèles d'IA et de ML, des millions, voire des milliards d'ajustements de paramètres doivent souvent être effectués pour améliorer la précision du modèle. Chacune de ces étapes nécessite des calculs complexes répartis sur l'ensemble des données. La capacité de traitement parallèle des GPU permet d'effectuer ces calculs simultanément, ce qui réduit considérablement le temps nécessaire à l'entraînement d'un modèle.

En outre, l'évolution de la technologie GPU et l'optimisation des logiciels et des frameworks d'apprentissage automatique ont permis aux GPU de devenir encore plus efficaces dans l'exécution de ces tâches spécialisées. Les développeurs et les chercheurs peuvent désormais s'appuyer sur des bibliothèques et des frameworks tels que CUDA (une plateforme de calcul parallèle et un modèle de programmation développés par NVIDIA), TensorFlow et PyTorch, spécialement conçus pour accélérer les calculs sur les GPU. Ces outils offrent un niveau d'abstraction qui permet d'exploiter efficacement les capacités de traitement parallèle complexes des GPU, sans qu'il soit nécessaire de disposer de connaissances approfondies sur le matériel.

L'importance des GPU pour l'entraînement des modèles d'IA se reflète également dans le développement rapide de matériel spécialisé pour le calcul de l'IA. Des sociétés telles que NVIDIA et AMD développent constamment de nouveaux modèles de GPU spécialement conçus pour l'apprentissage automatique et l'optimisation de l'IA, afin de répondre aux besoins de la recherche et du développement modernes de l'IA. Ces développements comprennent non seulement des améliorations de la puissance de calcul, mais aussi de l'efficacité énergétique, ce qui est essentiel pour l'entraînement de modèles de plus en plus complexes.

La combinaison de matériels avancés, de logiciels spécialisés et de la disponibilité croissante de données d'entraînement d'IA a ouvert une ère où les limites de ce qui est possible avec l'apprentissage automatique sont constamment repoussées. Dans ce contexte, les GPU sont un élément central qui permet ces avancées en fournissant la puissance de calcul nécessaire pour entraîner des modèles complexes dans des délais réalisables. Cela a non seulement accéléré le développement dans les domaines traditionnels de l'IA, mais a également permis des applications innovantes dans des domaines tels que la génomique, la modélisation du climat et la reconnaissance de modèles dans de grandes quantités de données.

TPUs (Tensor Processing Units)

Les Tensor Processing Units (TPU) sont un type de circuit intégré spécifique à une application (ASIC) spécialement conçu par Google pour accélérer les applications d'apprentissage automatique (ML) et d'intelligence artificielle (IA).

Ces puces représentent une avancée majeure dans la technologie matérielle visant à améliorer considérablement l'efficacité et la vitesse de l'apprentissage et de l'inférence des modèles ML. Les TPU sont un exemple parfait de développement de matériel spécialisé, conçu pour répondre aux exigences particulières des calculs d'IA.

L'une des caractéristiques clés des TPU est leur capacité à effectuer un grand nombre de calculs en parallèle, ce qui les rend particulièrement efficaces pour le traitement des opérations sur les tenseurs. Les tenseurs sont des tableaux de données multidimensionnels qui jouent un rôle central dans les algorithmes d'apprentissage automatique, notamment dans les réseaux neuronaux profonds. En les optimisant pour ce type de calcul, les TPU peuvent entraîner et exécuter des modèles ML plus rapidement que les GPU et CPU généraux, en particulier pour les applications basées sur le framework

TensorFlow de Google, qui a été spécialement adapté pour une utilisation efficace des TPU.

L'architecture d'une TPU est conçue pour atteindre des débits élevés pour les opérations ML tout en consommant peu d'énergie. Cette efficacité rend les TPU particulièrement attrayants pour une utilisation dans les centres de données et les environnements de cloud computing, où ils constituent l'épine dorsale de l'infrastructure ML de Google. Les TPU permettent d'entraîner et d'inférer plus rapidement des modèles complexes, ce qui accélère le développement et le déploiement d'applications d'IA.

Un autre avantage des TPU est leur capacité à travailler avec des données à précision réduite, ce qui signifie qu'ils peuvent effectuer des calculs avec une précision numérique moindre, sans impact significatif sur les performances ou la précision du modèle final. Cette capacité réduit les besoins en mémoire et la charge de calcul, ce qui permet des calculs plus rapides et une utilisation plus efficace des ressources matérielles.

Depuis leur lancement, Google a développé plusieurs générations de TPU, chacune avec des améliorations en termes de vitesse, d'efficacité et de fonctionnalité. Ces évolutions reflètent l'importance croissante du matériel spécialisé pour les applications d'IA et soulignent l'investissement du secteur technologique dans la recherche et le développement de solutions qui repoussent encore les limites de ce qui est possible avec l'IA.

Dans la pratique, les TPU sont utilisés dans une grande variété d'applications, du traitement de la parole et de la reconnaissance d'images aux systèmes de recommandation et aux outils analytiques avancés. Leur introduction a permis d'améliorer considérablement l'efficacité et l'accessibilité des technologies d'IA, en fournissant aux entreprises et aux développeurs des outils puissants pour concevoir et mettre en œuvre des solutions innovantes.

Les unités de traitement du tenseur (Tensor Processing Units, TPU) sont connues pour leur capacité exceptionnelle à effectuer rapidement et efficacement des opérations de tenseur, ce qui est essentiel pour l'apprentissage profond et l'apprentissage automatique. Ces puces spécialisées sont conçues pour offrir un débit élevé avec une faible latence, ce qui les rend particulièrement avantageuses pour l'application de modèles entraînés (inférence) et l'entraînement de modèles d'apprentissage profond. Leur optimisation pour les opérations tensorielles permet aux TPU d'exécuter les calculs courants dans les algorithmes d'apprentissage profond plus rapidement que les processeurs traditionnels tels que les CPU et les GPU. Cela a un impact significatif sur l'efficacité et la vitesse des applications et des services d'IA.

L'un des principaux avantages des TPU dans la phase d'inférence est leur capacité à minimiser les temps de réponse. Ceci est particulièrement important pour les applications interactives où des temps de réponse rapides sont essentiels pour l'expérience utilisateur, comme dans la reconnaissance vocale, la reconnaissance d'images et les services de traduction en temps réel. La faible latence des TPU permet d'appliquer des modèles complexes en temps réel, ce qui améliore considérablement les performances et la réactivité de services tels que Google Search, Gmail et Google Photos.

Lors de l'entraînement de modèles d'apprentissage profond, les TPU offrent également des avantages durables. Leur architecture permet de traiter une grande quantité de données en parallèle, ce qui réduit considérablement le temps nécessaire à l'entraînement des modèles. Ceci est d'une valeur inestimable dans un domaine caractérisé par des cycles d'innovation rapides et la nécessité d'entraîner des modèles toujours plus grands et plus complexes. La capacité des TPU à travailler efficacement avec des données réduites en précision contribue encore à optimiser les ressources de calcul et permet aux chercheurs et aux développeurs d'itérer et de faire évoluer plus rapidement les approches expérimentales.

Un autre avantage important des TPU est leur efficacité énergétique. Lors du traitement de grands ensembles de données ou de l'entraînement de modèles complexes, les coûts énergétiques peuvent être élevés. Les TPU sont conçus pour offrir une puissance de calcul supérieure tout en consommant moins d'énergie, ce qui permet non seulement de réduire les coûts, mais aussi de diminuer l'empreinte écologique des centres de données. Cette efficacité rend les TPU particulièrement attrayants pour une utilisation dans des environnements de cloud computing, où les ressources et la consommation d'énergie doivent être gérées avec soin.

Dans l'ensemble, les TPU sont devenus un facteur décisif dans l'infrastructure de Google, permettant d'accélérer et de faire évoluer les services et les applications d'IA d'une manière qui ne serait pas possible avec du matériel traditionnel. Leur développement reflète l'importance croissante du matériel spécialisé pour la recherche et les applications d'IA et souligne la nécessité d'optimiser les ressources de calcul afin de repousser encore plus loin les limites de ce qui est possible avec la technologie.

FPGA (Field-Programmable Gate Arrays)

Les Field-Programmable Gate Arrays (FPGA) sont un type particulier de circuits intégrés qui offrent une solution flexible et puissante pour une multitude d'applications.

Contrairement aux circuits intégrés traditionnels, qui sont conçus avec une fonction fixe pendant la fabrication, les FPGA peuvent être configurés par l'utilisateur final ou le concepteur après la fabrication. Cette flexibilité permet de concevoir des FPGA sur mesure pour des applications ou des tâches spécifiques, ce qui en fait un outil polyvalent dans le domaine de l'électronique et de l'informatique.

La nature programmable des FPGA repose sur une matrice de blocs logiques et sur une multitude de connexions reconfigurables, qui permettent de créer des circuits numériques complexes. Les utilisateurs peuvent personnaliser ces blocs logiques et ces connexions en chargeant un fichier de configuration (souvent appelé "bitstream") afin de réaliser pratiquement n'importe quelle fonction logique ou circuit numérique souhaité. Cette flexibilité rend les FPGA particulièrement attrayants pour le prototypage, car ils permettent aux développeurs d'itérer et d'adapter rapidement les conceptions sans avoir à fabriquer de nouveau matériel.

Un autre avantage des FPGA est leur capacité de traitement parallèle, ce qui les rend adaptés aux applications nécessitant des vitesses de traitement élevées, telles que le traitement du signal, la cryptographie et même certains types d'apprentissage automatique et de tâches de traitement des données. Contrairement aux CPU, qui traitent les instructions de manière séquentielle, les FPGA peuvent effectuer plusieurs calculs simultanément, ce qui peut accélérer considérablement certains processus.

En outre, les FPGA offrent des avantages en termes d'efficacité énergétique et de latence. Comme les FPGA peuvent être configurés spécifiquement pour une tâche, il est possible de créer des conceptions très efficaces qui consomment moins d'énergie que les processeurs généraux pour la même tâche. De même, l'implémentation directe d'algorithmes au niveau matériel peut réduire la latence, qui peut être cruciale lors du traitement de données dans des applications en temps réel.

Malgré ces avantages, les FPGA présentent également des inconvénients, tels que la complexité de la programmation et les coûts initiaux. La conception et l'optimisation de systèmes basés sur des FPGA nécessitent des connaissances et des outils spécifiques, ce qui peut augmenter les barrières à l'entrée. En outre, les coûts matériels initiaux des FPGA sont plus élevés que ceux des puces de production de masse, ce qui peut les rendre moins attrayants pour les produits grand public.

Cependant, ces dernières années, les FPGA ont gagné en popularité, notamment dans les secteurs des télécommunications, de l'automobile, de la défense et de l'espace, ainsi que dans les centres de données et pour l'accélération des services de cloud computing. Leur adaptabilité et leurs performances en font des outils essentiels pour les concepteurs et les ingénieurs qui travaillent à la pointe du développement technologique.

La grande flexibilité et la capacité d'adaptation des FPGA en font une option attrayante pour les applications d'IA sur mesure, en particulier dans les scénarios où les exigences de traitement doivent être adaptées avec précision. Cette capacité de réglage fin pour des tâches spécifiques offre des avantages considérables en termes d'efficacité et de performance des systèmes d'IA, notamment par rapport aux solutions de calcul plus généralisées telles que les GPU et les TPU.

L'un des principaux avantages des FPGA dans les applications d'IA réside dans leur efficacité énergétique. Les FPGA peuvent être configurés de manière à n'effectuer que les opérations nécessaires pour une tâche donnée, sans les frais généraux typiques des processeurs généralisés. Cette adaptation directe à la tâche permet aux FPGA de fonctionner de manière extrêmement efficace sur le plan énergétique, ce qui peut s'avérer crucial dans les environnements soumis à des restrictions énergétiques ou dans les applications où la consommation d'énergie est un facteur critique. En outre, la possibilité d'implémenter des algorithmes directement au niveau matériel permet de réduire encore la consommation d'énergie et d'améliorer la performance globale.

L'adaptabilité des FPGA est un autre avantage. Les développeurs peuvent programmer les FPGA pour répondre exactement aux besoins de leurs applications d'IA, ce qui signifie qu'ils peuvent être optimisés pour des tâches spécifiques, telles que l'entraînement de réseaux neuronaux ou l'exécution d'inférences. Cette spécialisation peut rendre les FPGA plus efficaces dans certains cas d'application que les GPU ou les TPU qui, bien qu'optimisés pour les tâches de traitement parallèle, peuvent ne pas atteindre la même efficacité pour des opérations d'IA spécifiques.

Un autre aspect important est la capacité des FPGA à être reconfigurés de manière dynamique pour prendre en charge différentes tâches, sans qu'il soit nécessaire d'intervenir physiquement ou de remplacer le matériel. Cette flexibilité permet d'utiliser la même ressource FPGA pour un large éventail de tâches, ce qui permet d'amortir les coûts d'investissement et d'accroître la polyvalence du matériel.

Dans certains scénarios, les FPGA peuvent également présenter des avantages en termes de latence. Comme ils peuvent être optimisés pour des algorithmes spécifiques, ils permettent des temps de traitement potentiellement plus rapides par rapport aux GPU et aux TPU, en particulier dans les applications qui nécessitent un traitement des données en temps réel.

Malgré ces avantages, il existe des défis dans l'utilisation des FPGA, notamment la complexité de la programmation et la nécessité de compétences spécialisées pour tirer pleinement parti de leur puissance. Néanmoins, pour les applications nécessitant une efficacité énergétique élevée, des exigences de traitement spécifiques ou la flexibilité d'adaptation dynamique à différentes tâches, les FPGA offrent une solution puissante et adaptable qui en fait une ressource précieuse dans le paysage du matériel d'IA.

L'évolution des puces modernes pour les applications d'IA

L'évolution des puces modernes pour l'intelligence artificielle marque une étape remarquable dans l'histoire de la technologie informatique, marquée par une adaptation constante aux exigences et à la complexité croissantes des applications de l'IA. Cette évolution reflète le passage de l'utilisation d'unités de calcul universelles, telles que les unités centrales, à une gamme variée de processeurs spécialisés, chacun étant adapté à des aspects spécifiques du calcul de l'IA. Cette spécialisation est une réponse à la croissance exponentielle du volume de données et à la complexité croissante des calculs requis par les modèles d'IA avancés.

Histoire du développement de matériel informatique spécialement conçu pour les applications d'IA.

L'histoire du développement de matériel spécialement conçu pour les applications d'intelligence artificielle est étroitement liée aux progrès de l'intelligence artificielle elle-même. Cette histoire de développement ne reflète pas seulement les progrès technologiques, mais aussi le besoin croissant de matériel spécialisé pour répondre aux exigences toujours plus pointues des systèmes d'IA.

Aux premiers jours de la recherche en IA, dans les années 1950 et 1960, l'accent était principalement mis sur les bases théoriques et algorithmiques, et le matériel disponible était largement limité aux ordinateurs généraux. Ces premiers ordinateurs étaient très limités en termes de capacité de calcul et n'étaient pas spécialement conçus pour des tâches d'IA. Malgré ces limitations, des chercheurs tels qu'Alan Turing et John McCarthy ont jeté les bases de ce qui pourrait devenir l'IA et ont lancé des discussions sur l'intelligence des machines et le potentiel des ordinateurs à simuler une intelligence semblable à celle de l'homme.

Cependant, le véritable tournant dans le développement de matériel spécifique à l'IA a eu lieu bien plus tard, avec l'apparition des processeurs graphiques (GPU) dans les années 1990. Bien que les GPU aient été initialement conçus pour accélérer les applications graphiques dans les jeux vidéo et les médias visuels, les chercheurs ont rapidement découvert leur capacité à exécuter efficacement des tâches de traitement de données parallèles. Cette découverte était particulièrement pertinente pour l'apprentissage automatique et l'apprentissage profond, des domaines de l'IA qui bénéficient de la capacité de traiter simultanément de grandes quantités de données.

Avec la publication de CUDA (Compute Unified Device Architecture) par NVIDIA en 2007, il est devenu plus facile pour les chercheurs d'utiliser la capacité de traitement parallèle des GPU pour des calculs généraux (GPGPU - General-Purpose computing on Graphics

Processing Units). Cela a ouvert la voie à l'adoption massive des GPU dans la recherche en IA, car ils ont considérablement accéléré l'entraînement des réseaux neuronaux profonds, la base de nombreux systèmes d'IA modernes.

Google a introduit la prochaine génération de matériel d'IA spécialisé avec le développement des Tensor Processing Units (TPU), qui ont été présentées au public en 2016. Les TPU ont été conçues dès le départ pour des opérations tensorielles hautement efficaces, essentielles pour l'apprentissage automatique et l'apprentissage profond. Leur introduction a marqué une avancée considérable dans la capacité d'entraîner et d'utiliser des modèles d'IA complexes plus rapidement et de manière plus efficace sur le plan énergétique.

Parallèlement, les Field-Programmable Gate Arrays (FPGA) se sont imposés comme une alternative flexible pour les applications d'IA sur mesure. Leur reconfigurabilité permet aux développeurs d'optimiser le matériel pour des tâches d'IA spécifiques, ce qui rend les FPGA particulièrement précieux pour les applications dans lesquelles les GPU ou TPU standard ne sont pas optimaux.

Les développements récents dans le matériel d'IA visent à offrir des solutions encore plus spécifiques et efficaces pour les calculs d'IA. Il s'agit notamment des puces neuromorphiques, qui tentent de reproduire la structure neuronale du cerveau humain afin d'améliorer encore l'efficacité énergétique et la puissance de calcul, et des ordinateurs quantiques, qui ont le potentiel de révolutionner le paysage de l'IA par leur capacité à résoudre des problèmes complexes à des vitesses inimaginables jusqu'à présent.

Cette évolution continue du matériel d'IA souligne non seulement le progrès technologique, mais aussi la quête permanente de systèmes de calcul plus efficaces, plus puissants et plus adaptables, afin de repousser les limites de ce qui est possible avec l'IA et d'ouvrir de nouveaux horizons dans la recherche et l'application de l'intelligence artificielle.

Spécialisation et optimisation : des GPU aux TPU et au-delà.

L'évolution du matériel pour l'intelligence artificielle se caractérise par une tendance continue à la spécialisation et à l'optimisation, qui va du développement et de la diffusion des GPU aux TPU et au-delà. Ce mouvement reflète la volonté de créer des solutions matérielles qui non seulement répondent aux exigences croissantes des charges de travail de l'IA, mais qui maximisent également l'efficacité et les performances de ces systèmes.

L'histoire commence par la prise de conscience que les capacités de traitement parallèle des processeurs graphiques (GPU) les rendent extraordinairement adaptés à l'apprentissage automatique, et notamment à l'entraînement de réseaux neuronaux profonds. Les GPU, initialement conçus pour les applications à forte intensité graphique comme les jeux vidéo, permettent d'effectuer des milliers de calculs simultanément. Cette capacité s'est avérée cruciale pour accélérer les opérations d'IA qui impliquent des calculs parallélisables similaires

L'émergence des Tensor Processing Units (TPU) a fait passer la spécialisation du matériel d'IA au niveau supérieur. Développées par Google et présentées pour la première fois en 2016, les TPU sont spécialement optimisées pour accélérer les charges de travail de l'IA et de l'apprentissage automatique. Contrairement aux GPU, qui sont conçus pour un large éventail de calculs parallèles, les TPU se concentrent sur l'exécution efficace des opérations de tenseur qui prévalent dans le deep learning. Ces puces hautement spécialisées offrent des avantages en termes de débit et d'efficacité énergétique pour des tâches d'IA spécifiques, notamment pour l'apprentissage et l'inférence de modèles d'IA.

Le chemin de la spécialisation et de l'optimisation ne s'arrête pas aux TPU. Le secteur continue d'explorer de nouvelles architectures et technologies capables de relever encore plus efficacement les défis des charges de travail de l'IA. Il s'agit notamment des puces neuromorphiques, qui imitent le fonctionnement du cerveau humain pour permettre un traitement encore plus efficace des tâches d'IA, et des ordinateurs quantiques, qui ont le potentiel de résoudre certains types de problèmes inaccessibles aux ordinateurs traditionnels et même aux ordinateurs actuels les plus avancés.

Les puces neuromorphiques tentent de reproduire au niveau matériel l'efficacité et l'adaptabilité des réseaux neuronaux du cerveau humain et pourraient ouvrir une nouvelle ère d'efficacité énergétique et de puissance de calcul pour les applications d'IA. Les ordinateurs quantiques, bien qu'ils en soient encore à un stade de développement relativement précoce, pourraient réaliser des percées révolutionnaires dans certaines tâches telles que l'optimisation et la science des matériaux.

Ces développements soulignent une aspiration constante dans la technologie de l'IA : la recherche d'un matériel de plus en plus spécialisé et optimisé, capable de répondre efficacement aux exigences complexes et intensives en données des systèmes d'IA modernes. Alors que les GPU et les TPU constituent des jalons importants sur cette voie, les innovations continues dans ce domaine indiquent un avenir où le matériel d'IA sera de plus en plus diversifié et adapté aux besoins et défis spécifiques que la prochaine génération d'algorithmes et d'applications d'IA apportera.

Bien que l'intégration de l'intelligence artificielle (IA) dans les smartphones présente de nombreux avantages et des applications innovantes, les développeurs et les utilisateurs sont confrontés à différents défis et limites. Ceux-ci concernent aussi bien les aspects techniques que les questions d'éthique, de sécurité et d'acceptation par les utilisateurs.

Études de cas : l'IA sur les smartphones et les puces associées

L'intégration de l'IA dans les smartphones a donné naissance à une multitude d'applications qui améliorent l'expérience utilisateur de manière innovante. Quelques exemples (plus détaillés dans le chapitre "Les smartphones en tant que plateforme pour les applications d'IA") :

- Photographie et traitement d'image : les smartphones modernes utilisent l'IA pour révolutionner la photographie.
- Assistants personnels : les assistants personnels à commande vocale tels que Siri, Google Assistant et Alexa ont fondamentalement changé la manière dont les gens interagissent avec leurs smartphones.
- Surveillance de la santé : les applications de santé basées sur l'IA sur les smartphones utilisent des capteurs et l'analyse des données pour donner un aperçu de la condition physique de l'utilisateur.
- Les fonctions de sécurité : L'IA améliore également la sécurité sur les smartphones, notamment grâce à des méthodes d'authentification biométriques telles que la reconnaissance faciale et les scanners d'empreintes digitales.
- Recommandations et contenus personnalisés : L'IA est utilisée pour apprendre les préférences des utilisateurs et proposer des contenus

personnalisés tels que des actualités, de la musique ou des recommandations vidéo. Analyse des puces et du matériel sous-jacents qui permettent ces applications.

Les applications d'IA dans les smartphones sont rendues possibles par une technologie matérielle et des puces avancées, spécialement conçues pour exécuter efficacement les algorithmes d'IA et d'apprentissage automatique. Ces technologies comprennent des processeurs spécialisés, des puces d'IA et des capteurs qui fonctionnent ensemble pour fournir la puissance de calcul, l'efficacité énergétique et les fonctionnalités nécessaires aux applications modernes des smartphones.

Processeurs spécialisés

Les smartphones modernes contiennent des processeurs principaux (CPU) puissants, conçus pour des tâches de calcul générales, ainsi que des processeurs graphiques (GPU), dont la capacité de traitement parallèle les rend particulièrement adaptés aux calculs d'IA. Ces processeurs peuvent exécuter un grand nombre d'opérations simultanément, ce qui les rend idéaux pour le traitement de modèles d'IA complexes.

Puces d'IA dédiées

L'intégration de puces d'intelligence artificielle dédiées, ou Neural Processing Units (NPU), dans les smartphones est une avancée majeure dans la technologie mobile, qui modifie fondamentalement la manière dont les appareils traitent les tâches liées à l'intelligence artificielle. Ces puces spécialisées sont conçues pour exécuter efficacement des algorithmes d'apprentissage automatique et d'apprentissage en profondeur directement sur le smartphone, sans qu'il soit nécessaire de se connecter en permanence au cloud. Cette évolution permet d'exécuter directement sur l'appareil des applications d'IA telles que la reconnaissance vocale et d'images, la traduction en temps réel, la réalité augmentée (RA) et bien d'autres encore.

Les avantages des puces d'intelligence artificielle dédiées sont les suivants :

- Performances accélérées : en étant optimisées pour les calculs d'IA, les puces d'IA dédiées peuvent exécuter des tâches telles que la reconnaissance d'images, le traitement de la parole et d'autres applications d'IA beaucoup plus rapidement que les processeurs traditionnels. Cela se traduit par une accélération sensible des applications utilisant des fonctions d'IA et améliore l'expérience utilisateur grâce à des temps de réaction plus rapides.
- Amélioration de l'efficacité énergétique : les puces d'intelligence artificielle ne sont pas seulement plus rapides, mais aussi plus efficaces sur le plan énergétique lors de l'exécution des tâches d'intelligence artificielle. En minimisant l'énergie nécessaire aux calculs d'IA, elles contribuent à

prolonger la durée de vie de la batterie des appareils. Cela est particulièrement important pour les applications gourmandes en énergie, comme les assistants vocaux continus ou les fonctions avancées des appareils photo.

- Protection des données : la capacité de traiter les tâches liées à l'IA directement sur l'appareil minimise la nécessité d'envoyer les données personnelles vers des serveurs externes ou vers le cloud pour le traitement. Cela réduit les préoccupations en matière de confidentialité et renforce la sécurité des données des utilisateurs, car les informations sensibles n'ont pas besoin de quitter l'appareil.

Exemples de puces d'IA dans les smartphones

Le moteur neuronal d'Apple

Le Neural Engine d'Apple fait partie intégrante des puces de la série A que l'on trouve dans les iPhones et autres appareils Apple. Ce matériel d'intelligence artificielle spécialisé a été conçu pour améliorer considérablement l'efficacité et les performances des opérations d'apprentissage automatique sur l'appareil. En intégrant le Neural Engine dans les puces de la série A, Apple est en mesure d'offrir des fonctions avancées qui utilisent l'apprentissage profond et l'intelligence artificielle directement sur le smartphone, sans dépendre de serveurs externes.

Fonctions et applications :

- Reconnaissance faciale par Face ID : l'application peut-être la plus connue du Neural Engine est la technologie Face ID d'Apple, qui permet une authentification biométrique sécurisée. Face ID utilise une carte détaillée en profondeur du visage de l'utilisateur, créée par apprentissage automatique, afin de garantir une reconnaissance faciale sûre et précise. Cette technologie permet aux utilisateurs de déverrouiller leur appareil, d'autoriser des paiements et d'accéder à des applications sensibles simplement en regardant la caméra. Le moteur neuronal traite ces données à une vitesse et une efficacité élevées afin de garantir une expérience utilisateur transparente.

- Emojis animés (Animojis) : Un autre point fort est la possibilité de créer et d'utiliser des Animojis. Les Animojis sont des emojis animés qui capturent et imitent l'expression de l'utilisateur en temps réel. Le moteur neuronal analyse plus de 50 muscles différents sur le visage de l'utilisateur pour animer des emojis qui reflètent en temps réel les rires, les froncements de sourcils, les hochements de tête et autres expressions faciales. Cette fonctionnalité utilise les capacités avancées d'apprentissage automatique du moteur neuronal pour permettre une nouvelle forme d'expression numérique.

- Amélioration des fonctions de l'appareil photo :
Les fonctions de l'appareil photo des iPhones ont
connu des améliorations durables grâce à l'utilisation du Neural Engine. Ce moteur prend en
charge des fonctions de traitement d'image avancées telles que le mode portrait, qui crée un effet
de profondeur en faisant la mise au point sur le
sujet tout en laissant l'arrière-plan flou. De
même, il permet des fonctions telles que Smart
HDR, qui combine plusieurs photos en une seule
image avec une gamme dynamique et une précision des détails optimisées. Ces processus nécessitent des calculs intensifs d'IA qui peuvent être
exécutés efficacement sur l'appareil grâce au
Neural Engine.

L'intégration du moteur neuronal dans les puces de la
série A signifie que les tâches de traitement de l'IA peuvent être effectuées localement sur l'appareil et à une vitesse exceptionnelle. Cela offre plusieurs avantages, notamment une meilleure confidentialité et une sécurité
accrue, car les données ne doivent pas être envoyées à
des serveurs externes. En outre, l'efficacité du traitement
se traduit par une plus grande autonomie de la batterie
et une performance globale plus rapide de l'appareil.
Avec chaque nouvelle génération de puces de la série A
et leur moteur neuronal intégré, Apple établit de nouveaux standards dans la technologie des smartphones
en élargissant les possibilités d'apprentissage automatique et d'intelligence artificielle.

L'unité de traitement du tenseur (Tensor Processing Unit, TPU) de Google

L'utilisation par Google de la Tensor Processing Unit (TPU) dans les smartphones Pixel est un exemple frappant de la manière dont le matériel d'IA dédié peut améliorer les fonctionnalités et l'expérience utilisateur des appareils mobiles. Conçue à l'origine pour être utilisée dans les centres de données afin d'améliorer les performances de l'apprentissage automatique et des applications d'IA, Google a adapté la technologie TPU afin de l'intégrer dans ses smartphones Pixel. Cette adaptation permet aux appareils d'exécuter des processus d'IA et d'apprentissage automatique sophistiqués directement sur l'appareil, sans avoir besoin d'une connexion permanente à des ressources de calcul basées sur le cloud.

- Des fonctions de caméra améliorées : L'une des caractéristiques les plus remarquables des smartphones Pixel est leur appareil photo. L'intégration du TPU permet d'exécuter des algorithmes de traitement d'image avancés directement sur l'appareil. Il en résulte des fonctions telles que le mode Night Sight, qui permet de prendre des photos impressionnantes en cas de faible luminosité sans flash, en utilisant des algorithmes contrôlés par l'IA pour améliorer la luminosité et la qualité de l'image. D'autres fonctions de l'appareil photo qui bénéficient du TPU sont le mode portrait, qui crée un effet bokeh en faisant la mise au point sur le sujet et en rendant l'arrière-plan flou, et la fonction HDR+, qui améliore la plage dynamique et le niveau de détail des photos.

- Traitement vocal : le TPU améliore également les capacités de traitement vocal des smartphones Pixel. Cela inclut la reconnaissance vocale, qui est essentielle pour des fonctions telles que Google Assistant, ainsi que la capacité à traiter les commandes vocales rapidement et avec précision. Le traitement sur l'appareil permet un temps de réponse plus rapide de l'assistant et améliore la confidentialité en réduisant le nombre de données à envoyer au cloud pour le traitement.

- Expériences utilisateur personnalisées : En outre, le TPU permet de personnaliser l'expérience utilisateur en adaptant et en optimisant l'appareil en fonction du comportement et des préférences de l'utilisateur. Cela peut aller de la personnalisation des notifications et des suggestions à l'optimisation de l'autonomie de la batterie en apprenant quelles applications et quels services sont le plus souvent utilisés et comment économiser au mieux l'énergie.

- Confidentialité et sécurité : l'un des principaux avantages du traitement des tâches d'IA directement sur l'appareil est l'amélioration de la confidentialité et de la sécurité. En traitant et en stockant les données personnelles telles que les photos, les enregistrements vocaux et le comportement des utilisateurs sur l'appareil, le risque que ces informations sensibles soient compromises est réduit.

L'intégration de l'unité de traitement Tensor dans les smartphones Pixel montre comment les puces d'IA dédiées peuvent non seulement améliorer les performances et l'efficacité des appareils mobiles, mais aussi permettre la création de fonctions et d'applications entièrement nouvelles qui enrichissent l'expérience utilisateur. Avec ses smartphones Pixel, Google établit une norme pour l'utilisation de l'IA dans les appareils mobiles, en combinant un matériel puissant avec des logiciels innovants pour obtenir des résultats impressionnants.

Le chipset Kirin de Huawei avec NPU

En intégrant des unités de traitement neuronal (NPU) dédiées dans ses chipsets Kirin, Huawei s'est imposé comme un pionnier dans l'utilisation de matériel d'IA spécialisé dans les smartphones.

Cette décision stratégique permet aux appareils Huawei d'exécuter des tâches sophistiquées basées sur l'IA directement sur le smartphone avec une efficacité et une vitesse qui n'étaient pas possibles auparavant. En optimisant les chipsets Kirin pour les applications d'IA, Huawei offre aux utilisateurs des fonctionnalités améliorées et une meilleure performance globale, notamment dans les domaines de l'appareil photo, de la traduction vocale et de la gestion de l'énergie.

- Fonctions de caméra contrôlées par l'IA : L'un des avantages les plus remarquables du NPU dans les chipsets Kirin de Huawei est l'amélioration des fonctions de l'appareil photo. La reconnaissance de scène, rendue possible par l'apprentissage automatique, peut identifier différents objets et scénarios - comme les paysages, les portraits, les animaux ou les aliments - et ajuster automatiquement les paramètres de l'appareil photo afin d'obtenir la meilleure prise de vue possible. Cela comprend des ajustements tels que l'exposition, la saturation et même l'application de filtres spécifiques afin d'améliorer visuellement la photo. La possibilité d'ajuster les réglages en temps réel, en fonction de ce que "voit" l'appareil photo, révolutionne la photographie mobile et permet même aux photographes amateurs de réaliser des photos d'aspect professionnel.

- Traduction de la parole en temps réel : Le NPU contribue également à la capacité des appareils Huawei à effectuer des traductions vocales en temps réel. Cette fonction est particulièrement utile pour les voyageurs et les hommes d'affaires qui doivent communiquer dans des pays étrangers sans en maîtriser la langue. Le traitement sur l'appareil garantit non seulement une traduction rapide et fluide, mais améliore également la confidentialité, car les données vocales ne doivent pas être envoyées à des serveurs externes.

- Optimisation de la consommation d'énergie : un autre grand avantage de l'intégration d'une NPU dans le chipset Kirin est l'optimisation de la consommation d'énergie. Les algorithmes d'IA peuvent apprendre le comportement des utilisateurs et prédire quelles apps et fonctions sont le plus souvent utilisées afin d'adapter les stratégies de gestion de l'énergie. Cela peut se faire, par exemple, en arrêtant les apps ou les fonctions rarement utilisées afin de prolonger la durée de vie de la batterie. La capacité à gérer intelligemment la consommation d'énergie est particulièrement importante à une époque où le temps passé devant un écran et l'utilisation de données mobiles ne cessent d'augmenter.

L'intégration d'un NPU dédié dans les chipsets Kirin de Huawei démontre l'engagement de l'entreprise à repousser les limites de la technologie mobile et à offrir aux utilisateurs de puissantes fonctionnalités basées sur l'IA. En localisant le traitement de l'IA sur l'appareil, les chipsets Kirin améliorent non seulement la vitesse et l'efficacité des tâches d'IA, mais contribuent également à la sécurité des données et à l'efficacité énergétique. Ces développements soulignent l'importance croissante du matériel d'IA spécialisé dans l'évolution de la technologie des smartphones et établissent de nouveaux standards pour ce que l'on attend des appareils mobiles.

L'intégration de puces d'IA dédiées dans les smartphones est, dans l'ensemble, un signal clair de la manière dont l'IA transforme la technologie mobile. Elle permet non seulement d'offrir des fonctionnalités nouvelles et améliorées qui enrichissent l'expérience utilisateur, mais répond également à des préoccupations importantes telles que la protection des données et l'efficacité énergétique. Au fur et à mesure de l'évolution de la technologie de l'IA, on peut s'attendre à ce que les futures générations de smartphones intègrent des puces d'IA encore plus puissantes et spécialisées, ouvrant ainsi de nouvelles possibilités pour les applications et les services mobiles.

Capteurs et autres composants matériels

Outre les processeurs et les puces d'IA, les capteurs jouent un rôle crucial dans la mise en place d'applications d'IA sur les smartphones. Les caméras, microphones, accéléromètres, gyroscopes et autres capteurs collectent une multitude de données qui servent d'entrées pour les algorithmes d'IA. Ces capteurs permettent des fonctions telles que la reconnaissance faciale, les assistants vocaux, la surveillance de la santé et les informations contextuelles, en collectant en permanence des informations sur l'environnement et l'utilisateur.

Optimisations au niveau logiciel

Afin d'exploiter pleinement les performances du matériel, les fabricants de smartphones et les développeurs travaillent également sur des optimisations logicielles, telles que des cadres d'apprentissage automatique et des intégrations de systèmes d'exploitation spécialement conçus pour le matériel. Ces outils et bibliothèques logiciels permettent aux développeurs de mettre en œuvre et d'utiliser efficacement les fonctions d'IA en simplifiant la communication entre le logiciel d'application et le matériel.

La combinaison de processeurs spécialisés, de puces d'IA dédiées, de capteurs avancés et d'optimisations logicielles constitue le fondement des applications d'IA avancées que l'on trouve dans les smartphones modernes. Ces avancées technologiques permettent aux smartphones de prendre en charge des tâches de plus en plus complexes et offrent aux utilisateurs une expérience toujours plus riche et transparente. Alors que le matériel continue de s'améliorer, nous pouvons nous attendre à des fonctions et des applications basées sur l'IA encore plus innovantes, qui ont le potentiel de transformer radicalement notre interaction avec les appareils mobiles.

Tendances et innovations futures

Le développement futur des puces d'intelligence artificielle et leur influence sur les technologies des smartphones promet de repousser encore plus loin les limites de ce que les appareils mobiles peuvent faire. Cette évolution devrait être marquée par une série de tendances et d'innovations qui non seulement amélioreront les performances et l'efficacité, mais ouvriront également de nouvelles possibilités d'application de l'IA dans le monde mobile.

Poursuite du développement de puces d'IA spécialisées

L'accent mis sur les puces d'IA à haute performance et à faible consommation d'énergie va se poursuivre, car les fabricants de puces s'efforcent d'augmenter la puissance de calcul tout en minimisant la consommation d'énergie. Nous pouvons nous attendre à une intégration croissante de puces d'IA encore mieux adaptées à des charges de travail d'IA et d'apprentissage automatique spécifiques. Cette évolution permettra aux smartphones d'exécuter des modèles d'IA encore plus complexes directement sur l'appareil, ce qui se traduira par des expériences utilisateur plus rapides et plus personnalisées, sans pour autant compromettre la vie privée.

Amélioration de l'efficacité énergétique

Compte tenu des limites de la batterie des smartphones, l'optimisation de l'efficacité énergétique des puces d'IA restera une préoccupation majeure. Les progrès de la technologie des puces, comme l'utilisation de processus de fabrication plus avancés et d'architectures spécialement conçues pour une faible consommation d'énergie, contribueront à prolonger la durée de vie de la batterie tout en prenant en charge de puissantes fonctions d'IA.

Intégration de l'IA dans tous les aspects de la technologie des smartphones

L'intégration de puces d'intelligence artificielle dans les smartphones marque un tournant dans l'évolution des technologies mobiles. Cette évolution promet non seulement d'améliorer les fonctions existantes, mais aussi d'introduire de toutes nouvelles possibilités qui pourraient changer radicalement l'expérience utilisateur. Les puces d'intelligence artificielle offrent la puissance de calcul nécessaire directement sur l'appareil pour exécuter efficacement des algorithmes complexes, sans avoir besoin de se connecter à des serveurs externes. Cela ouvre un monde de possibilités pour les fabricants de smartphones et les développeurs d'applications afin d'implémenter des fonctions innovantes qui n'étaient pas réalisables auparavant.

- Amélioration de l'interface utilisateur et du contrôle gestuel : grâce aux puces d'intelligence artificielle, les smartphones peuvent apprendre et s'adapter aux préférences et aux habitudes de leurs utilisateurs afin de créer une interface utilisateur personnalisée et intuitive. Cela pourrait signifier que les applications et les paramètres sont automatiquement adaptés en fonction du contexte et du moment de la journée afin d'optimiser l'expérience utilisateur. De même, le contrôle gestuel pourrait être amélioré par l'IA en interprétant plus précisément les intentions de l'utilisateur, ce qui permettrait une interaction plus fluide avec l'appareil.

- Fonctions de sécurité avancées : Les puces d'IA renforcent les caractéristiques de sécurité des smartphones en analysant plus précisément les données biométriques, améliorant ainsi la précision de reconnaissance des fonctions telles que la reconnaissance faciale et les scanners d'empreintes digitales. En outre, les systèmes de sécurité basés sur l'IA pourraient détecter des activités inhabituelles ou suspectes sur l'appareil et prendre des mesures proactives pour empêcher les violations de données.

- Gestion adaptative de l'énergie : en analysant les données et les schémas d'utilisation, l'IA peut révolutionner la gestion de l'énergie des smartphones. Les puces d'IA permettent à l'appareil d'optimiser sa consommation d'énergie en adaptant les performances des applications et des fonctions sur la base de l'utilisation réelle. Cela

pourrait se traduire par une plus grande autonomie de la batterie et des processus de chargement
plus efficaces, augmentant ainsi la satisfaction
globale des utilisateurs vis-à-vis de leur appareil.

▪ Amélioration de la connectivité et de l'intégration de l'écosystème : les puces d'IA pourraient
également changer la manière dont les smartphones interagissent avec d'autres appareils et
services. En traitant les données en temps réel,
les smartphones dotés de l'IA peuvent offrir une
connectivité et une interaction plus transpa-
rentes avec un large éventail d'appareils tels que
les systèmes de maison intelligente, les véhicules
et les wearables. Cela permettrait non seulement
d'améliorer l'expérience utilisateur au sein de
l'écosystème connecté, mais aussi d'ouvrir de
nouvelles possibilités d'automatisation et de personnalisation au-delà des frontières des appareils.

L'informatique de pointe et le rôle du cloud computing

Le passage des applications d'IA des serveurs centralisés
dans le cloud à un traitement décentralisé directement
sur les terminaux, connu sous le nom d'IA à la périphérie ou Edge AI, marque une évolution transformatrice
dans le déploiement et l'utilisation futurs des technologies d'IA. Ce mouvement rapproche les algorithmes
d'IA de la source de la collecte de données - c'est-à-dire
directement sur les smartphones, les appareils IoT et

autres appareils de bord - et est poussé par une combinaison de facteurs technologiques, sécuritaires et pratiques.

L'un des principaux moteurs de cette évolution est
l'avancée considérable de la technologie des semi-conducteurs, qui a donné naissance à des processeurs à la
fois plus puissants et plus efficaces sur le plan énergétique. Ces processeurs sont capables de traiter des algorithmes d'IA complexes localement sur l'appareil, sans
qu'il soit nécessaire de se connecter à des serveurs cloud
distants. Les puces d'IA spécialisées intégrées dans les
smartphones et les appareils Edge modernes permettent
un traitement rapide et efficace des données directement
à l'endroit où elles ont été créées.

Un autre facteur décisif pour le passage à l'Edge AI est
la sensibilisation croissante à la protection des données
et à la sécurité. En traitant les données directement sur
l'appareil, les informations personnelles restent protégées et le risque de violation de la vie privée par la transmission de données sensibles sur Internet est minimisé.
Cela renforce la confiance des utilisateurs dans la technologie et favorise son acceptation.

La réduction du temps de latence est un autre avantage
important de l'Edge AI. En éliminant la nécessité d'envoyer des données à un serveur distant pour analyse et
d'attendre une réponse, les appareils Edge peuvent réagir en temps réel. Ceci est particulièrement critique pour
les applications qui nécessitent des décisions rapides,

comme les véhicules autonomes ou les appareils de surveillance médicale.

En outre, l'IA de périphérie améliore la disponibilité des applications d'IA, car les appareils peuvent fonctionner indépendamment d'une connexion Internet. Cela élargit les possibilités d'utilisation de l'IA dans les zones où la couverture réseau est mauvaise ou dans les situations où une connexion ne peut pas être établie de manière fiable.

Malgré ces nombreux avantages, les développeurs et les utilisateurs sont confrontés à des défis. Les ressources limitées des appareils de périphérie en termes de puissance de calcul, de mémoire et de capacité énergétique constituent des contraintes qu'il faut surmonter. En outre, la gestion et la maintenance des modèles d'IA sur un grand nombre d'appareils distribués exigent un effort considérable pour garantir la cohérence et la sécurité. Enfin, l'optimisation des modèles d'IA en vue de leur exploitation sur du matériel aux ressources limitées requiert un savoir-faire spécifique et des outils de développement adaptés.

Dans l'ensemble, l'IA à la périphérie représente un changement de paradigme qui redéfinit la manière dont les appareils traitent les données et y réagissent. Cette évolution promet d'ouvrir une ère d'applications intelligentes, autonomes et respectueuses de la vie privée, qui ont le potentiel de modifier fondamentalement notre compréhension et notre interaction avec la technologie. Malgré les défis existants, les avantages de l'IA de pointe sont évidents et son intégration progressive dans les appareils de tous les jours continuera à ouvrir la voie à des applications nouvelles et innovantes.

Nouveaux matériaux et techniques de fabrication

La recherche dans le domaine de l'intelligence artificielle et du matériel associé évolue rapidement et va bien au-delà de la simple optimisation des architectures de puces existantes. L'un des principaux axes de recherche est le développement de nouveaux matériaux et de nouvelles techniques de fabrication qui ont le potentiel de révolutionner la prochaine génération de puces d'intelligence artificielle. Ces innovations visent à créer des puces qui ne sont pas seulement supérieures en termes de vitesse de traitement et de capacité, mais qui établissent également de nouvelles normes en termes de taille et d'efficacité énergétique.

La recherche sur les nouveaux matériaux joue un rôle central dans le dépassement des limites physiques des semi-conducteurs à base de silicium, qui sont à la base de la technologie des puces depuis des décennies. Des matériaux comme le graphène ou le bisulfure de molybdène (MoS2) sont au centre de l'attention car ils possèdent des propriétés électroniques, thermiques et mécaniques exceptionnelles qui les rendent potentiellement supérieurs. Ces matériaux pourraient constituer la base de puces plus fines, plus flexibles et plus efficaces sur le plan énergétique, tout en conservant leurs performances.

Parallèlement aux innovations en matière de matériaux, des progrès importants sont également réalisés dans les techniques de fabrication. Le développement de nouvelles méthodes telles que l'intégration 3D, qui consiste à empiler plusieurs couches de puces les unes sur les autres, permet d'obtenir un empilement beaucoup plus dense de transistors. Cela entraîne non seulement une augmentation des performances et de l'efficacité, mais permet également de fabriquer des appareils plus petits et plus légers. En outre, l'utilisation de la lithographie ultraviolette extrême (EUV) promet la fabrication de structures à une échelle encore plus petite, ce qui permet une miniaturisation et une augmentation des performances des puces encore plus importantes.

L'informatique quantique est un autre domaine de recherche passionnant qui dépasse les limites de la technologie traditionnelle des puces. Bien que l'informatique quantique n'en soit qu'à ses débuts et que son application directe dans les appareils de tous les jours soit encore lointaine, les principes de base de l'informatique quantique pourraient ouvrir de nouvelles voies pour l'architecture des puces d'intelligence artificielle. Les bits quantiques ou qubits offrent la possibilité d'effectuer des calculs d'une manière qui n'est pas possible avec les bits traditionnels, et pourraient un jour conduire à une augmentation exponentielle de la capacité de traitement.

Malgré l'énorme potentiel de ces innovations, les chercheurs et les ingénieurs sont confrontés à des défis considérables. L'intégration de nouveaux matériaux et de nouvelles techniques de fabrication dans la production de masse nécessite une recherche et un développement importants ainsi que des investissements dans de nouveaux équipements et processus de production. En outre, les questions de compatibilité, de fiabilité et de rentabilité doivent être abordées.

Toutefois, les progrès réalisés dans le développement de nouveaux matériaux, de techniques de fabrication et de modèles théoriques tels que l'informatique quantique laissent entrevoir un avenir prometteur. Ils pourraient déboucher sur des puces d'IA non seulement plus puissantes et plus efficaces sur le plan énergétique, mais aussi sur de nouveaux facteurs de forme et de nouvelles possibilités d'application. Ces développements pourraient changer radicalement la manière dont nous interagissons avec la technologie et dont nous en tirons profit, et ouvrir une nouvelle ère d'innovation numérique.

Le développement futur des puces d'IA promet donc d'élargir considérablement les capacités des smartphones, en permettant la création d'appareils plus puissants, plus efficaces et plus intelligents. Ces progrès ne vont pas seulement améliorer les spécifications techniques des smartphones, mais aussi ouvrir de nouvelles possibilités d'application de l'IA dans notre vie quotidienne, continuer à changer et à améliorer la manière dont nous interagissons avec la technologie.

Les défis du développement de puces compatibles avec l'IA pour les smartphones

Le développement de puces d'intelligence artificielle pour les smartphones est au cœur de l'innovation technologique, mais présente également des défis spécifiques. Ceux-ci vont des limitations techniques aux préoccupations en matière de protection des données et aux questions de durabilité. Une discussion sur ces défis met en lumière la complexité des coulisses de l'industrie des smartphones et offre un aperçu de l'avenir de l'IA mobile.

- Efficacité énergétique vs. performance : l'un des principaux dilemmes dans le développement de puces d'IA pour smartphones est l'équilibre entre performance et consommation d'énergie. Les applications d'IA nécessitent une puissance de calcul considérable, ce qui entre directement en conflit avec l'objectif d'efficacité énergétique afin de prolonger la durée de vie de la batterie. Le développement de puces à la fois puissantes et efficaces sur le plan énergétique reste un défi majeur.
- Miniaturisation : la miniaturisation progressive des technologies de puces se heurte à des limites physiques en ce qui concerne la densité des transistors et la dissipation de chaleur qui en résulte. Ces limites nécessitent des approches innovantes dans l'architecture des puces et dans les processus de fabrication afin d'augmenter encore les

performances sans augmenter la taille des dispositifs ou générer une chaleur excessive.

- Coûts : le développement et la fabrication de puces d'IA sophistiquées sont coûteux. Ces coûts peuvent influencer le prix des smartphones, ce qui limite potentiellement l'accessibilité et la pénétration du marché des fonctionnalités avancées de l'IA.

- Protection des données : avec l'augmentation du traitement des données personnelles directement sur l'appareil par les puces d'IA, les préoccupations concernant la protection des données augmentent également. S'assurer que ces données sont protégées contre tout accès non autorisé représente un défi considérable.

- Sécurité : la complexité des puces d'intelligence artificielle et des algorithmes qui s'y exécutent augmente le risque de failles de sécurité qui pourraient être exploitées par des acteurs malveillants. Garantir la sécurité de ces puces contre les attaques est essentiel pour protéger les données des utilisateurs et l'intégrité des appareils.

- Consommation de ressources : la fabrication de puces d'IA avancées nécessite des quantités considérables de matériaux et de ressources rares, dont l'extraction et le traitement peuvent susciter des préoccupations environnementales et sociales.

- Déchets et recyclage : avec les progrès technologiques rapides et le cycle de mises à niveau et de remplacement des anciens appareils qui en résulte, des défis apparaissent en ce qui concerne les déchets électroniques et le recyclage de matériaux précieux.

Surmonter ces défis nécessite une combinaison de recherche et développement continus, de collaboration interdisciplinaire et d'engagement envers les normes éthiques et la durabilité. Alors que les innovations technologiques peuvent apporter des solutions à certains de ces problèmes, d'autres défis nécessitent un processus d'équilibrage minutieux entre les avantages des applications d'IA et leur impact potentiel sur la vie privée, la sécurité et l'environnement. L'avenir des puces compatibles avec l'IA dans les smartphones ne sera donc pas seulement marqué par des percées technologiques - presque inévitables - mais aussi par la capacité de l'industrie à agir de manière responsable et en accord avec les valeurs de la société.

Nous sommes peut-être à la veille de percées technologiques considérables rendues possibles par l'IA. De la médecine, où l'IA pourrait fournir des diagnostics plus précis et des plans de traitement personnalisés, à la science environnementale, où elle pourrait jouer un rôle dans la surveillance et la lutte contre le changement climatique, les applications sont nombreuses. Dans l'industrie, l'automatisation par l'IA pourrait conduire à des processus de production plus efficaces, tandis que dans l'éducation, des expériences d'apprentissage sur mesure pourraient être créées pour chaque élève.

L'introduction d'autres technologies d'IA entraînera probablement des changements économiques et sociaux importants. Alors que certaines professions pourraient être remplacées par l'automatisation, de nouveaux emplois nécessitant des compétences spécialisées pourraient d'autre part être créés. Ces changements pourraient entraîner une redistribution de la main-d'œuvre et renforcer la nécessité d'une reconversion et d'une formation continue. Parallèlement, l'IA pourrait contribuer à relever les défis sociaux, par exemple en améliorant l'accès aux soins de santé et à l'éducation.

La présence croissante de l'IA soulève également des questions éthiques et morales durables. Des questions telles que la prise de décision par les algorithmes, la confidentialité des données et la perte potentielle d'interaction humaine nécessitent une réflexion approfondie. Il sera nécessaire de développer des cadres éthiques qui garantissent que l'IA soit utilisée pour le bien de tous et ne conduise pas à un renforcement des inégalités.

La réglementation de l'IA jouera un rôle crucial dans la recherche d'une approche équilibrée entre la promotion de l'innovation et la protection de la société contre les risques potentiels. L'élaboration de normes et de directives internationales pourrait contribuer à maximiser les aspects positifs de l'IA tout en minimisant les effets indésirables.

La réflexion sur l'avenir de l'IA révèle un tableau plein de potentiels et de défis. La clé du succès réside dans une approche équilibrée qui tient compte des avancées technologiques, des considérations éthiques, des valeurs sociales et des conditions économiques. En fin de compte, il est de notre responsabilité commune de concevoir le développement et la mise en œuvre des technologies de l'IA de manière à ce qu'elles contribuent à apporter le plus grand bénéfice possible à l'ensemble de la société.